ISBN 978-3-06-083115-9

Liebe Lehrerinnen und Lehrer,

die bundesweiten Vergleichsarbeiten (VERA) zur Lernstandserhebung sind in der Grundschule mittlerweile zu einem festen Bestandteil geworden. Sie werden jährlich gegen Ende der dritten Klasse durchgeführt und sollen das Erreichen der Bildungsstandards überprüfen sowie Hinweise zur Verbesserung der Lernleistungen und für die Weiterentwicklung des Unterrichts geben. Dazu gehört auch die Verbesserung der Diagnosegenauigkeit.

Sich über einen längeren Zeitraum auf Aufgaben zu konzentrieren, ist für viele Schülerinnen und Schüler ungewohnt und anstrengend. Das gilt auch für die Erfahrung, unter Zeitdruck zahlreiche, zum Teil noch unbekannte Aufgabenformate ohne Hilfsmittel bearbeiten zu müssen.

Mit den vorliegenden Lernstandserhebungen möchten wir Ihre Schülerinnen und Schüler und Sie selbst unterstützen:

- Den Schülerinnen und Schülern sollen die vorliegenden Lernstandserhebungen helfen, sich mit sorgfältig ausgewählten Aufgaben, wie sie auch in den Vergleichsarbeiten verwendet werden, **auf die ungewohnte Testsituation vorzubereiten**. Möglicherweise vorhandene Ängste können so abgebaut und es kann Sicherheit gegenüber der zukünftigen Testsituation gewonnen werden.
- Bei Ihrer **täglichen förderdiagnostischen Arbeit** sollen die Lernstandserhebungen Sie unterstützen und dabei helfen, aktuelle Lernstände und vorhandene Kompetenzen Ihrer Schülerinnen und Schüler in den verschiedenen inhaltlichen Bereichen einzuschätzen und den individuellen förderdiagnostischen Bedarf zu ermitteln.

Die Aufgaben sind an den KMK Bildungsstandards sowie den Lehr- und Bildungsplänen der Bundesländer orientiert und fokussieren die dort beschriebenen Lernziele und zu erreichenden Kompetenzen.

Im **Auswertungsbogen** werden neben den **Aufgabenlösungen** das jeweilige **Niveau** der Aufgabe sowie die jeweils fokussierten **Fähigkeiten, Fertigkeiten und Kenntnisse** beschrieben, die zur Aufgabenbewältigung im Wesentlichen benötigt werden.

In Anlehnung an die drei in den KMK Bildungsstandards angeführten Anforderungsbereiche „Reproduzieren", „Zusammenhänge herstellen" sowie „Verallgemeinern und Reflektieren" (vgl. Bildungsstandards im Fach Mathematik für den Primarbereich, Beschluss vom 15. 10. 2004, S. 13) und den VERA-Fähigkeitsniveaus 1–3 (vgl. Beschreibung der Fähigkeitsniveaus Mathematik VERA 2009, S. 2) sind den Aufgaben der vorliegenden Lernstandserhebungen drei Niveaustufen zugeordnet, die entsprechend *grundlegende*, *erweiterte* und *fortgeschrittene* Fähigkeiten erfordern.

Niveau 1: „Reproduzieren" → erfordert grundlegende Fähigkeiten

Das Lösen der Aufgabe erfordert Grundwissen und das Ausführen von Routinetätigkeiten.

Niveau 2: „Zusammenhänge herstellen" → erfordert erweiterte Fähigkeiten

Das Lösen der Aufgabe erfordert das Erkennen und das Nutzen von Zusammenhängen.

Niveau 3: „Verallgemeinern, Reflektieren und Beurteilen" → erfordert fortgeschrittene Fähigkeiten

Das Lösen der Aufgabe erfordert komplexe Tätigkeiten wie z. B. Strukturieren, Entwickeln von Strategien, Beurteilen und Verallgemeinern.

Der Auswertungsbogen der Lernstandserhebungen bietet darüber hinaus Platz für Ihre **Beobachtungen und Notizen** zur Einschätzung des jeweiligen Lernstandes des Kindes im Rahmen Ihrer förderdiagnostischen Arbeit.

Den Schülerinnen und Schülern ermöglicht ein einfaches Smiley-System auf den Testseiten die **Selbsteinschätzung** und schafft so eine Basis zur Reflexion des eigenen Lernstandes. Gemeinsam mit dem Kind können anschließend die Ergebnisse aus der Selbsteinschätzung und Ihre Einschätzungen aus dem Auswertungsbogen in einem förderdiagnostischen Gespräch zu einem Gesamtbild zusammengefügt und Lernziele sowie nächste Lernschritte vereinbart werden. Dabei kann es im Sinne einer dialogisch orientierten Förderdiagnostik sehr aufschlussreich sein, nach Lösungswegen und Erklärungen bei falsch gelösten Aufgaben zu fragen, um Einblicke in die Denkwege Ihrer Schülerinnen und Schüler bei der Lösung einer Aufgabe zu bekommen.

Die Lernstandsseiten erheben nicht den Anspruch, eine kontinuierliche Beobachtung und Dokumentation des Lernverlaufs sowie förderdiagnostische Maßnahmen zu ersetzen. Sie können aber einen wichtigen Beitrag zu Ihrer alltäglichen förderdiagnostischen Arbeit leisten.

Ihr Cornelsen Verlag

> *Hinweis:*
> Weitere Lernstandserhebungen zu den hier nicht behandelten Bereichen finden Sie in den Handreichungen.

Erarbeitet von:	Silke Ladel
Redaktion:	Peter Groß
Illustrationen:	Gabriele Heinisch
Grafik:	Christine Wächter
Layout und technische Umsetzung:	Birgit Riemelt

Liebe Schülerin, lieber Schüler,

mit diesen Aufgaben kannst du herausfinden, was du schon gut kannst und was du noch üben solltest.

Bearbeite die Aufgabenblätter so:

1. Schreibe deinen Namen und das Datum oben auf jedes Blatt.

Name: Datum:

2. Lies dir die Aufgabe in Ruhe durch.

3. Bearbeite die Aufgabe.

4. Wenn du bei einer Aufgabe nicht weiterkommst,
   mache bei der nächsten weiter und versuche es später noch einmal.
   Du kannst auch jemanden um Hilfe fragen.

5. Wenn du eine Aufgabe bearbeitet hast, kreuze an,
   wie leicht oder wie schwierig du sie findest:

Diese Aufgabe
☺ kann ich gut lösen
😐 kann ich nur zum Teil lösen
☹ kann ich gar nicht lösen

Viel Spaß und viel Erfolg!

Name: _____　　Datum: _____

Wie ist mein Ergebnis?

1 Spendenlauf

Ina macht bei einem Spendenlauf mit.
Für jede gelaufene Runde kommen 3 € in einen Spendentopf.
Fülle die Tabelle aus.

Gelaufene Runden	1	3	5	7	9
Spende	3 €				

2 a) Wie viel Uhr ist es? Gib jeweils zwei Uhrzeiten an.

b) Zeichne die Zeiger der Uhr richtig ein.

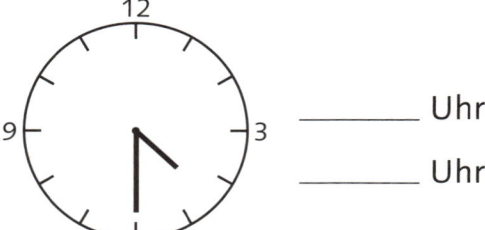 _____ Uhr
_____ Uhr

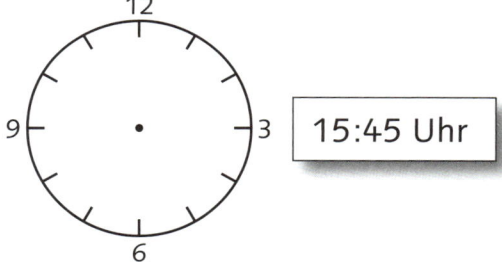 15:45 Uhr

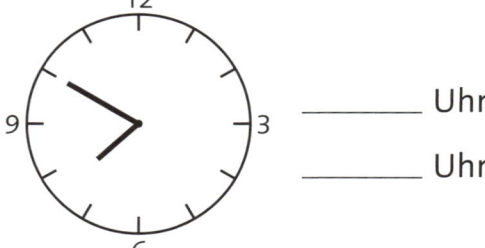 _____ Uhr
_____ Uhr

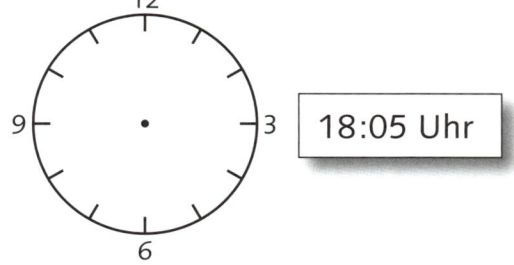 18:05 Uhr

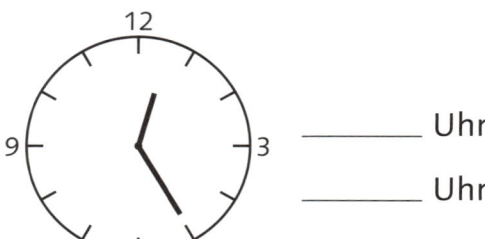 _____ Uhr
_____ Uhr

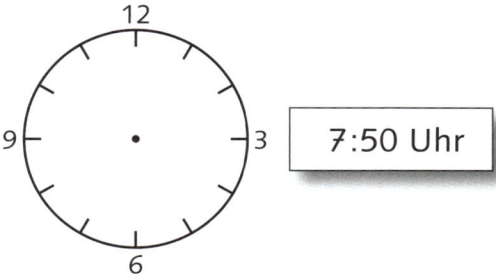 7:50 Uhr

☺ kann ich gut lösen　　😐 kann ich nur zum Teil lösen　　☹ kann ich gar nicht lösen

Wie ist mein Ergebnis?

3 **Im Sport**

Lies die Tabelle.

Farbe	Kinder
Blau	⊬⊬ ||
Rot	|||
Gelb	|||
Grün	|
Weiß	⊬⊬ ⊬⊬ ||

Ergänze die Sätze. Die Tabelle hilft dir.

a) Es sind **insgesamt** _____ Kinder.

b) Es haben **mehr** Kinder ein  in der Farbe _____ an **als**

ein in der Farbe _____ .

c) Es haben **genau gleich viele** Kinder ein in der

Farbe _____ an **wie** ein in der Farbe _____ .

d) Es haben **weniger** Kinder ein in der Farbe _____ an

als ein in der Farbe _____ .

e) Teile **alle** Kinder in **zwei gleich große** Gruppen ein.
Kreuze an.

Gruppe 1:

☐ Blau ☐ Rot ☐ Gelb ☐ Grün ☐ Weiß = _____ Kinder

Gruppe 2:

☐ Blau ☐ Rot ☐ Gelb ☐ Grün ☐ Weiß = _____ Kinder

☺ kann ich gut lösen   😐 kann ich nur zum Teil lösen   ☹ kann ich gar nicht lösen

Name: Datum:

4   **Im Spielwarenladen**

Beispiel	
Die Puppe kostet:	*32 €*
gegeben:	*50 €*
Rückgeld:	*18 €*

Ergänze die fehlenden Zahlen.

a)    b)   c)

Pferd:	37 €	Auto:	28 €	Spiele:	____ €
gegeben:	50 €	gegeben:	____ €	gegeben:	100 €
Rückgeld:	____ €	Rückgeld:	12 €	Rückgeld:	84 €

Name: Datum:

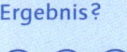
5   Ordne die Längen der Größe nach.
Beginne mit der kürzesten.

1 m 60 cm;   58 cm;   8 cm 9 mm;   97 mm;   60 cm 5 mm

1. _____

2. _____

3. _____

4. _____

5. _____

6   **Die Sonnenblume wächst**

Am ersten Tag ist die Sonnenblume 2 cm groß.
Sie wächst in der ersten Woche
immer 1 cm an 2 Tagen.

Zeichne eine Skizze.

1. Tag   3. Tag   5. Tag   7. Tag

☺ kann ich gut lösen   😐 kann ich nur zum Teil lösen   ☹ kann ich gar nicht lösen

Name: Datum:

7 **Größentabelle**

So groß sind Mädchen und Jungen in den ersten 5 Monaten nach der Geburt:

Alter	Mädchen	Jungen
1 Monat	53 cm	54 cm
2 Monate	56 cm	57 cm
3 Monate	59 cm	60 cm
4 Monate	62 cm	63 cm
5 Monate	65 cm	66 cm

Was fällt dir auf?

© 2018 Cornelsen Verlag GmbH, Berlin.
Alle Rechte vorbehalten.

Name: Datum:

Wie ist mein
Ergebnis?

☺ ☺ ☹

8 Bezahle mit **genau 5** Münzen oder Schein

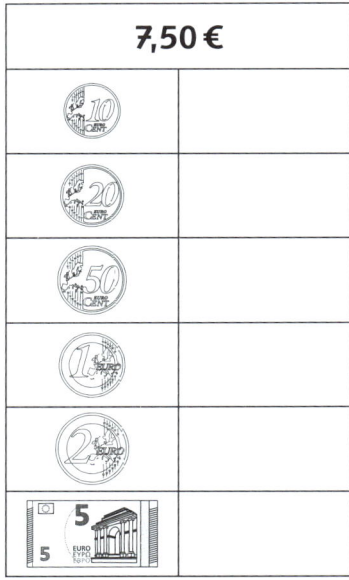

6,00 €	
10 ct	
20 ct	
50 ct	||
1 €	|
2 €	||
5 € Schein	

Beispiel: 6 € = 50 ct + 50 ct + 1 € + 2 € + 2 €

Fülle die Tabellen aus.

7,50 €	
10 ct	
20 ct	
50 ct	
1 €	
2 €	
5 € Schein	

53,00 €	
50 ct	
1 €	
2 €	
5 € Schein	
10 € Schein	
20 € Schein	

Schreibe wie im Beispiel.

7,50 € = _____

53,00 € = _____

☺ kann ich gut lösen   ☺ kann ich nur zum Teil lösen   ☹ kann ich gar nicht lösen

Name: **Datum:**

9 Sicher, unmöglich oder wahrscheinlich?

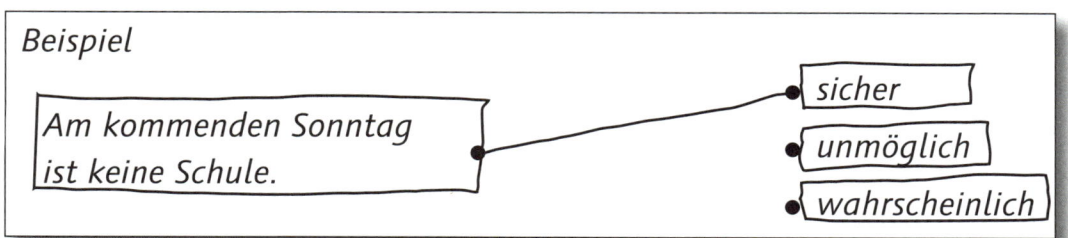

Beispiel

Am kommenden Sonntag ist keine Schule. — • sicher • unmöglich • wahrscheinlich

Verbinde.

Ein Mensch kann fünf Stunden lang die Luft anhalten. •	• sicher
Im August ist das Wetter schön. •	• unmöglich
Beim Würfeln erhalte ich eine 1, 2, 3, 4, 5 oder 6. •	• wahrscheinlich

Wenn man eine Münze wirft, erhält man entweder Kopf oder Zahl. •	• sicher
Im Januar liegt Schnee. •	• unmöglich
Ein Hund kann fliegen. •	• wahrscheinlich

Name: Datum:

Wie ist mein
Ergebnis?

10 Malte hat am 13. November Geburtstag.
Wie viele Tage sind es noch?

11 Wie groß sind die Bremer Stadtmusikanten
(Esel, Hund, Katze, Hahn) zusammen,
wenn sie aufeinanderstehen?

Tipp: Schätze zuerst die Größe der einzelnen Tiere.

Name: Datum:

Wie ist mein Ergebnis?

☺ 😐 ☹

12 Am Eisstand gibt es 4 verschiedene Sorten: Vanille, Schokolade, Erdbeere und Zitrone.

Du darfst dir 2 Kugeln aussuchen.

Wie viele verschiedene Möglichkeiten hast du?

Du kannst auch ein Bild dazu malen.

☺ kann ich gut lösen 😐 kann ich nur zum Teil lösen ☹ kann ich gar nicht lösen

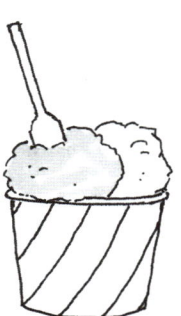

Auswertungsbogen Lernstandserhebungen Mathematik, Klasse 2   Name: _____   Klasse: _____

Lernstandserhebung 1: *Daten, Häufigkeit und Wahrscheinlichkeit* und *Größen und Messen*

durchgeführt am _____

Aufgabe	Daten, Häufigkeit und Wahrscheinlichkeit	Größen u. Messen	Niveau	Fähigkeiten, Fertigkeiten und Kenntnisse	Lösungen	Beobachtungen und Notizen
1	x		1	• Kenntnis über den Aufbau von Tabellen • Einmaleins der 3	Tabelle (siehe unten)	

2a		x	1	• Lesen einer analogen Uhr:
				• Stundenzeiger (klein)
				  hier: 1 Stunde pro Strich
				• Minutenzeiger (groß)
				  hier: 5 Minuten pro Strich
				• Zu beachten: Der Stundenzeiger bewegt sich mit dem Minutenzeiger mit.
				• Addition der 12
					a) / b) (siehe unten)	

2b		x	1	• Eintragen von Stunden- und Minutenzeiger (Format der Uhr analog 2a) • Besonders zu beachten: Der Stundenzeiger bewegt sich mit dem Minutenzeiger mit.		

Lösungen Aufgabe 1:

Runden	1	3	5	7	9
Spende	3 €	9 €	15 €	21 €	27 €

Lösungen Aufgabe 2:

a)
• **16:30** Uhr; **4:30** Uhr
• **19:50** Uhr; **7:50** Uhr
• **12:25** Uhr; **0:25** Uhr

b)

15:45 Uhr   07:50 Uhr   18:05 Uhr

Niveaustufen: **1** = „Reproduzieren" → erfordert grundlegende Fähigkeiten   **2** = „Zusammenhänge herstellen" → erfordert erweiterte Fähigkeiten   **3** = „Verallgemeinern, Reflektieren und Beurteilen" → erfordert fortgeschrittene Fähigkeiten

Auswertungsbogen Lernstandserhebungen Mathematik, Klasse 2   Name: _____   Klasse: _____

Lernstandserhebung 1: *Daten, Häufigkeit und Wahrscheinlichkeit* und *Größen und Messen*

Aufgabe	Daten, Häufigkeit und Wahrscheinlichkeit	Größen u. Messen	Niveau	Fähigkeiten, Fertigkeiten und Kenntnisse	Lösungen	Beobachtungen und Notizen — durchgeführt am
3	x		2	• Lesekompetenz • Lesen von Tabellen und Strichlisten (5er-Bündelung) • Entnahme von Daten aus einer Tabelle • Addition von Anzahlen • Vergleichen von Anzahlen: „mehr als", „genau gleich viele wie", „weniger als", „gleich groß"	**a) 26** **b)** Es sind mehrere Lösungen möglich, z. B. mehr T-Shirts in der Farbe Blau als Gelb **c)** Genau gleich viele T-Shirts in der Farbe Rot wie Gelb (korrekt wäre auch: Rot und Gelb und Grün sind gleich viele wie Blau oder auch Lösung e) **d)** Es sind mehrere Lösungen möglich, z. B. weniger T-Shirts in der Farbe Grün als Rot **e)** Gruppe 1: **Weiß und Grün = 13** Kinder; Gruppe 2: **Blau und Rot und Gelb = 13** Kinder	
4		x	1	• Erfahrungen mit der Situation „Einkaufen" • Lösen von Aufgaben mit Geld • Variation des Gesuchten; Subtraktion und Addition zweistelliger Zahlen ohne ZÜ	**a)** Rückgeld: **13 €** **b)** gegeben: **40 €** **c)** Spiele: **16 €**	
5		x	2	• Kenntnis über den Zusammenhang der verschiedenen Längenmaße: 1 m = 100 cm; 1 cm = 10 mm • Umwandeln von Längenmaßen • Anwendung des Verfahrens zum Ordnen von Größen	1. **8 cm 9 mm** 2. **97 mm** 3. **58 cm** 4. **60 cm 5 mm** 5. **1 m 60 cm**	

Auswertungsbogen Lernstandserhebungen Mathematik, Klasse 2   Name: _____   Klasse: _____

durchgeführt am _____

Lernstandserhebung 1: *Daten, Häufigkeit und Wahrscheinlichkeit* und *Größen und Messen*

Aufgabe	Daten, Häufigkeit und Wahrscheinlichkeit	Größen u. Messen	Niveau	Fähigkeiten, Fertigkeiten und Kenntnisse	Lösungen	Beobachtungen und Notizen
6	x		2	• Einem Text relevante Informationen entnehmen • Übertragen relevanter Informationen in eine Skizze, Beschränkung auf notwendige Details	Es sind mehrere Lösungen möglich, z. B.	
7	x		2	• Lesen von Tabellen • Vergleichen von Angaben nach verschiedenen Kriterien: alters- sowie geschlechtsabhängig • Herstellen von Zahlzusammenhängen	Vergleicht das Kind die Daten nur zeilenweise, nur spaltenweise oder beides? • spaltenweise: – Mädchen wachsen jeden Monat 3 cm. – Jungen wachsen jeden Monat 3 cm. • zeilenweise: J. sind 1 cm größer als M. • spalten- und zeilenweise: M. und J. wachsen jeden Monat gleich viel.	
8		x	2	• Zerlegen eines Betrags in genau 5 Teilbeträge • Wechseln von Geldmünzen/-scheinen • Herstellen von Zahlzusammenhängen zwischen den Geldwerten	Es sind mehrere Lösungen möglich, z. B. 7,50 €: • 5 € + 2 € + 20 ct + 20 ct + 10 ct • 2 € + 2 € + 2 € + 1 € + 50 ct 53,00 €: • 20 € + 20 € + 10 € + 2 € + 1 € • 50 € + 1 € + 1 € + 50 ct + 50 ct	
9	x		3	• Kenntnis der Grundbegriffe „sicher", „unmöglich", „wahrscheinlich" • Korrekte Verwendung der Begriffe • Vertrautheit mit den jeweiligen Sachsituationen	• Ein Mensch kann ... – **unmöglich** • Im August ist ... – **wahrscheinlich** • Beim Würfeln erhalte ... – **sicher** • Wenn man eine Münze ... – **sicher** • Im Januar liegt ...– **wahrscheinlich** • Ein Hund kann ... – **unmöglich**	

Niveaustufen: **1** = „Reproduzieren" → erfordert grundlegende Fähigkeiten   **2** = „Zusammenhänge herstellen" → erfordert erweiterte Fähigkeiten   **3** = „Verallgemeinern, Reflektieren und Beurteilen" → erfordert fortgeschrittene Fähigkeiten

Auswertungsbogen Lernstandserhebungen Mathematik, Klasse 2

Name: _____ Klasse: _____

durchgeführt am _____

Lernstandserhebung 1: *Daten, Häufigkeit und Wahrscheinlichkeit* und *Größen und Messen*

Aufgabe	Daten, Häufigkeit und Wahrscheinlichkeit	Größen u. Messen	Niveau	Fähigkeiten, Fertigkeiten und Kenntnisse	Lösungen	Beobachtungen und Notizen
10		x	3	• Kenntnis über die Anzahl der Tage der Monate • Addition zweistelliger Zahlen ohne ZÜ	**5 Tage im August** **+ 30 Tage im September** **+ 31 Tage im Oktober** **+ 13 Tage im November** **= 79 Tage** A: **Es sind noch 79 Tage.** Ebenfalls möglich: Es sind noch 78 Tage. (Falls im November nur 12 Tage gezählt werden.)	
11		x	3	• Kenntnis von Repräsentanten zu 1 m und 10 cm • Schätzen von Längen • Addition von Längen • Ggf. auf die sprachliche Verwendung der Begriffe „Größe", „Höhe", „Länge" eingehen	Die Lösungen können je nach Schätzung voneinander abweichen, z. B.: Esel: ca. 1 m 30 cm Hund: ca. 40 cm Katze: ca. 20 cm Hahn: ca. 30 cm Insgesamt: ca. 2 m 20 cm	
12	x		3	• Entnahme relevanter Informationen aus einem Text • Ermittlung aller Kombinationsmöglichkeiten (Jede Eissorte kann mehrfach genommen werden, die Reihenfolge der Eissorten spielt keine Rolle.) • Möglichkeit zum systematischen Vorgehen	Die Reihenfolge der Eissorten spielt keine Rolle. **Es gibt 10 Möglichkeiten:** **VV, VS, VE, VZ, SS, SE, SZ, EE, EZ, ZZ**	

Niveaustufen: 1 = „Reproduzieren" → erfordert grundlegende Fähigkeiten 2 = „Zusammenhänge herstellen" → erfordert erweiterte Fähigkeiten 3 = „Verallgemeinern, Reflektieren und Beurteilen" → erfordert fortgeschrittene Fähigkeiten

Addieren und Subtrahieren bis 10

1 **a)** 6 + 1 = ☐ ☐ **b)** 1 + ☐ = 8 ☐ **c)** ☐ + 3 = 10 ☐ **d)** ☐ + 6 = 9 ☐

  5 + 4 = ☐ ☐   0 + ☐ = 9 ☐   ☐ + 6 = 10 ☐   ☐ + 5 = 9 ☐

  4 + 2 = ☐ ☐   4 + ☐ = 8 ☐   ☐ + 4 = 10 ☐   2 + ☐ = 7 ☐

  2 + 3 = ☐ ☐   6 + ☐ = 9 ☐   ☐ + 1 = 10 ☐   3 + ☐ = 8 ☐

T	F	D	N	S	A
3	4	5	6	7	9

B	A	L	U	M	S
3	4	5	6	7	9

2 **a)** 9 = 4 + ☐ ☐ **b)** 6 = 1 + ☐ ☐ **c)** 8 = ☐ + 3 ☐ **d)** 9 = 1 + ☐ ☐

  9 = 3 + ☐ ☐   8 = 2 + ☐ ☐   7 = ☐ + 6 ☐   9 = 0 + ☐ ☐

  7 = 4 + ☐ ☐   9 = 2 + ☐ ☐   6 = ☐ + 3 ☐   9 = 2 + ☐ ☐

  6 = 4 + ☐ ☐   7 = 3 + ☐ ☐   5 = ☐ + 3 ☐   9 = 5 + ☐ ☐

U	D	N	E	H	A	S	R	O
1	2	3	4	5	6	7	8	9

3

+	2	3	4	0
6				
4				
5				

4

+		3	6	
2	3			
4				
3				7

☐ 4 5 6 6
  7 7 8 8
  8 9 9 10
☐ 1 4 4 5
  5 6 6 7
  8 8 9 10

5 Setzt das richtige Zeichen: < , = , > .

a) 3 + 4 ⬤ 5   **b)** 3 + 6 ⬤ 8   **c)** 6 ⬤ 2 + 5   **d)** 8 ⬤ 3 + 4

  7 + 0 ⬤ 8   2 + 5 ⬤ 8   9 ⬤ 6 + 2   9 ⬤ 5 + 4

6 Rechne und male.

   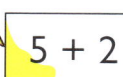      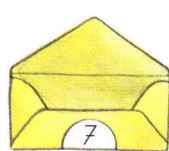      

5 + 2

4 + 3

3 + 3

4 + 2

7 + 2

3 + 5

4 + 5

0 + 6

4 + 4

2 + 4

6 + 2   3 + 6   3 + 4   2 + 6   1 + 6

1: Summen und Summanden berechnen   2: Zahlen zerleger   3 und 4: Tabellen ergänzen
5: Relationszeichen setzen   6: Summen durch Färben zuordnen

SB 4 **TÜ** 1   1

1 **a)** 8 − 6 = ▮ □   **b)** 9 − ▮ = 4 □   **c)** 10 − 7 = ▮ □   **d)** 10 − ▮ = 4 □
   9 − 6 = □   7 − ▮ = 1 □   10 − 5 = ▮ □   10 − ▮ = 5 □
   9 − 2 = □   4 − ▮ = 0 □   10 − 8 = ▮ □   8 − ▮ = 6 □
   8 − 4 = □   6 − ▮ = 1 □   10 − 6 = ▮ □   9 − ▮ = 5 □

M	O	D	E	R	N
2	3	4	5	6	7

S	G	T	A	L	U
2	3	4	5	6	7

2 **a)** ▮ − 4 = 5   **b)** ▮ − 7 = 3   **c)** 6 = 9 − ▮

   ▮ − 3 = 5   ▮ − 4 = 4   3 = 8 − ▮

   ▮ − 5 = 2   ▮ − 3 = 6   4 = 6 − ▮

   ▮ − 2 = 3   ▮ − 4 = 2   3 = 7 − ▮

2	3	4	5
5	6	7	8
8	9	9	10

3

−	3	5	7	8
10				
8				
9				

4

−	4		7	
8	2			
10				
7				5

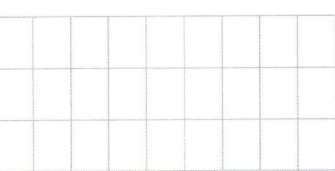

□	0	1	1	2
	2	3	3	4
	5	5	6	7
▢	0	1	1	2
	3	3	4	4
	6	6	6	8

5

3	6

4	3

5	4

10	
2	

8	
	3

6 Setzt das richtige Zeichen: < , = , > .

a) 6 − 3 ⬤ 3   **b)** 10 − 4 ⬤ 6   **c)** 4 ⬤ 8 − 3   **d)** 3 ⬤ 7 − 4
   8 − 4 ⬤ 4   10 − 5 ⬤ 4   8 ⬤ 9 − 2   2 ⬤ 8 − 5
   7 − 0 ⬤ 8   10 − 7 ⬤ 4   4 ⬤ 10 − 6   4 ⬤ 9 − 4
   9 − 3 ⬤ 7   10 − 8 ⬤ 1   5 ⬤ 9 − 4   5 ⬤ 8 − 4

7 **a)** Max hat 10 €. Er kauft sich ein Auto für 7 €. Wie viel Geld bleibt übrig?

   Antwort: _____

b) Anna kauft ein Buch für 6 €. Sie hat nun noch 3 €.
   Wie viel Geld hatte sie vor dem Kauf?
   Antwort: _____

2

1: Differenz/Subtrahend berechnen   2: Minuend/Subtrahend berechnen   3 und 4: Tabellen ergänzen
5: Rechenmauern lösen   6: Relationszeichen setzen   7: Inhalt erfassen, Aufgabe bilden und lösen, antworten   **SB** 5   **TÜ** 1

Addieren und Subtrahieren bis 20

1

| 1 0 + 5 = 1 5 |
| 15 |

| 1 1 + 7 = 1 8 |
| 18 |

| |
| 19 |

2 **a)** 15 + 3 = ☐ 12 + 7 = ☐   **b)** 12 + ☐ = 20 ☐   ☐ + 12 = 16 ☐

12 + 4 = ☐ 14 + 6 = ☐   16 + ☐ = 19 ☐   ☐ + 14 = 17 ☐

11 + 9 = ☐ 12 + 3 = ☐   14 + ☐ = 16 ☐   ☐ + 11 = 19 ☐

10 + 7 = ☐ 13 + 4 = ☐   11 + ☐ = 17 ☐   ☐ + 15 = 20 ☐

N	A	T	L	B	U
15	16	17	18	19	20

N	U	K	Z	D	R
2	3	4	5	6	8

3 **a)** 15 + ☐ = 19   **b)** 12 + ☐ = 20

13 + ☐ = 18   16 + ☐ = 20

14 + ☐ = 17   13 + ☐ = 20

11 + ☐ = 16   11 + ☐ = 20

| 3 4 4 5 5 7 8 9 |

4

+	4		5	3	
11		18			
13					19

| 6 7 14 15 16 16 17 17 18 20 |

5 Setzt das richtige Zeichen: <, =, >.

a) 14 + 4 ○ 18   **b)** 12 + 4 ○ 17   **c)** 19 ○ 12 + 6   **d)** 20 ○ 13 + 6

13 + 6 ○ 18   15 + 3 ○ 18   18 ○ 15 + 4   15 ○ 11 + 4

12 + 7 ○ 18   11 + 6 ○ 16   16 ○ 12 + 4   17 ○ 15 + 3

11 + 6 ○ 18   13 + 5 ○ 19   17 ○ 12 + 6   18 ○ 11 + 7

6 Berechne den zweiten Summanden.

a) Ein Summand ist 3, die Summe 18.

b) Die Summe ist 15, ein Summand ist 4.

c) Ein Summand ist um 2 größer als 11.
Die Summe ist 20.

1 a)

14 – 4 = 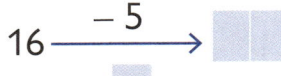 □   18 – 6 = □

18 – 7 = □   15 – 4 = □

19 – 4 = □   19 – 5 = □

16 – 2 = □   16 – 3 = □

H	A	N	E	S	L
10	11	12	13	14	15

b)

20 – ▮ = 11 □   19 – ▮ = 13 □

18 – ▮ = 13 □   17 – ▮ = 12 □

19 – ▮ = 12 □   20 – ▮ = 16 □

16 – ▮ = 14 □   19 – ▮ = 11 □

E	N	U	M	G	D	A
2	4	5	6	7	8	9

2 a)

▮ – 5 = 15

▮ – 6 = 11

▮ – 2 = 17

▮ – 6 = 12

b)

▮ – 4 = 12

▮ – 5 = 13

▮ – 3 = 14

▮ – 4 = 13

16 17 17 17 18 18 19 20

3

–	8	6	4	7	5
20					
18					

10 11 12 12 13 13 14 14 15 16

4 Setzt das richtige Zeichen: < , = , > .

a) 18 – 8 ○ 10
15 – 4 ○ 12
17 – 6 ○ 12
19 – 5 ○ 13

b) 15 – 3 ○ 12
16 – 4 ○ 11
20 – 3 ○ 16
19 – 6 ○ 14

c) 12 ○ 18 – 7
11 ○ 17 – 6
14 ○ 18 – 3
13 ○ 17 – 3

d) 13 ○ 18 – 4
15 ○ 20 – 4
16 ○ 19 – 2
17 ○ 20 – 3

5 a) 17 —– 3→ ▮▮ 16 —– 5→ ▮▮ 18 —– 6→ ▮▮ 19 —– 3→ ▮▮

b) 18 —– ▮→ 13 19 —– ▮→ 14 16 —– ▮→ 12 20 —– ▮→ 13

6

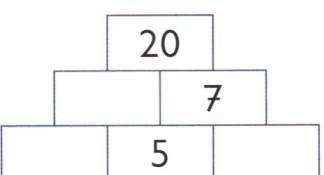 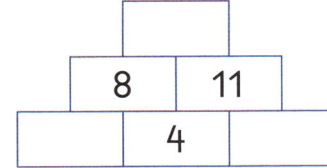 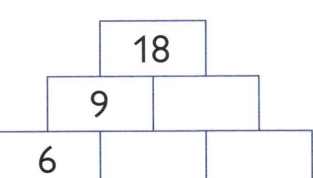

Rechenmauer 1: 20 / 7 / 5

Rechenmauer 2: 8 11 / 4

Rechenmauer 3: 18 / 9 / 6

7 Berechne die Differenzen.

a) Der Minuend ist 19, der Subtrahend 6.

b) Der Subtrahend ist 4, der Minuend ist 16.

c) Der Subtrahend ist um 3 größer als 4.
Der Minuend ist 18.

1: Differenz und Subtrahend berechnen   2: Minuend berechnen   3: Tabelle ergänzen   4: Relationszeichen setzen   5: Subtrahieren; Platzhalter bestimmen   6: Rechenmauern lösen   7: Textaufgaben lösen   **SB** 7 **TÜ** 2–4

1 Addiere.

6 + 9
6 + **4** = 10
10 + **5** = 15
6 + 9 = 15

a) 9 + 7 =
9 + 6 =
9 + 5 =
9 + 4 =
9 + 3 =

b) 8 + 8 =
6 + 7 =
3 + 9 =
7 + 7 =
5 + 8 =

c) 7 + 5 =
9 + 9 =
4 + 8 =
6 + 6 =
3 + 8 =

11 12 12 12 12 12 13 13 13 14 14 15 16 16 18

2 Subtrahiere.

12 − **5**
12 − **2** = 10
10 − **3** = 7
12 − 5 = 7

a) 13 − 8 =
13 − 7 =
13 − 6 =
13 − 5 =
13 − 4 =

b) 16 − 7 =
15 − 7 =
14 − 7 =
13 − 7 =
12 − 7 =

c) 11 − 9 =
16 − 8 =
18 − 9 =
12 − 6 =
15 − 8 =

2 5 5 6 6 6 7 7 7 8 8 8 9 9 9

3

+	5	9	6	8
9				
8				

4

−	6	5	9	7
14				
12				

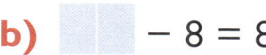

5 **a)** 9 + ☐ = 17
6 + ☐ = 15
8 + ☐ = 17
3 + ☐ = 12

b) ☐ + 6 = 14
☐ + 4 = 13
☐ + 5 = 14
☐ + 7 = 15

6 **a)** 13 − ☐ = 9
15 − ☐ = 7
11 − ☐ = 5
17 − ☐ = 8

b) ☐ − 8 = 8
☐ − 5 = 9
☐ − 6 = 6
☐ − 7 = 7

7

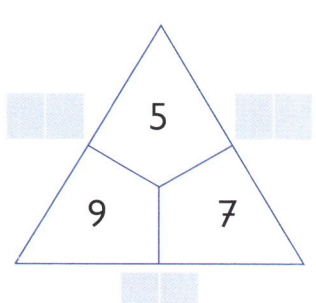

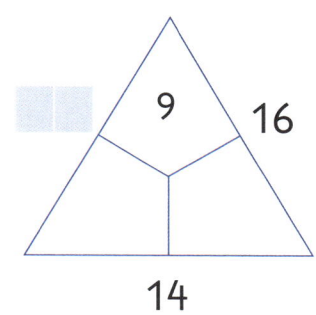

Tauschaufgaben und Umkehraufgaben

1 Aufgabe und Tauschaufgabe gesucht
Schreibe beide Aufgaben und löse sie.

 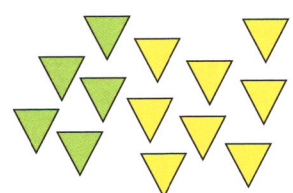  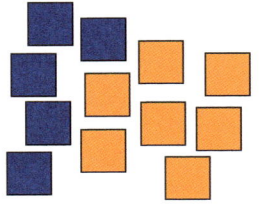

$7 + \square = \square\square$
$\square + 7 = \square\square$

$\square + \square = \square\square$
$\square + \square = \square\square$

$\square + \square = \square\square$
$\square + \square = \square\square$

$\square + \square = \square\square$
$\square + \square = \square\square$

2 Löse die Aufgabe und die Tauschaufgabe.

$9 + 6 = 15$
$6 + 9 = 15$

$7 + 8 = \square\square$
$8 + \square = \square\square$

$6 + 5 = \square\square$
$\square + \square = \square\square$

$4 + 8 = \square\square$
$\square + \square = \square\square$

3 Rechne. Überprüfe mit der Umkehraufgabe.

$16 - 9 = 7$
$7 + 9 = 16$

$14 - 8 = \square$
$\square + \square = \square\square$

$17 - 9 = \square$
$\square + \square = \square\square$

$11 - 6 = \square$
$\square + \square = \square\square$

$6 + 9 = \square\square$
$\square\square - \square = \square$

$7 + 4 = \square\square$
$\square\square - \square = \square$

$5 + 9 = \square\square$
$\square\square - \square = \square$

$4 + 8 = \square\square$
$\square\square - \square = \square$

4 Bilde Aufgabenfamilien.

a) **6** **14** **8** b) **7** **9** **16** c) **5** **9** **?**

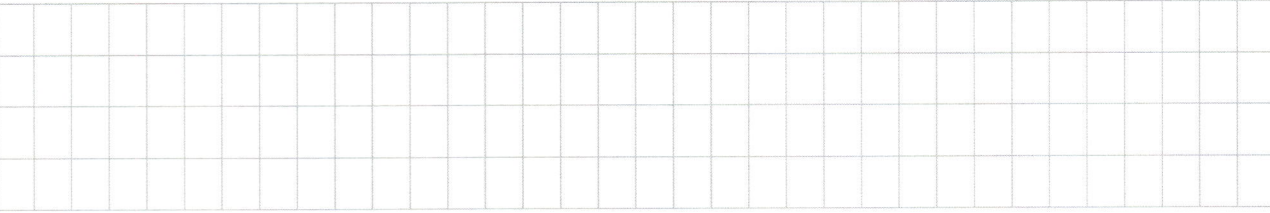

5 Addiere und subtrahiere.

a) $5 + 9 + 4 = \square\square$
$8 + 3 + 9 = \square\square$
$7 + 6 + 7 = \square\square$
$2 + 9 + 3 = \square\square$

b) $17 - 4 - 8 = \square$
$19 - 6 - 9 = \square$
$15 - 3 - 5 = \square$
$16 - 8 - 8 = \square$

c) $13 + 5 - 7 = \square\square$
$18 - 9 + 6 = \square\square$
$17 + 3 - 9 = \square\square$
$12 - 8 + 4 = \square$

Die Zehnerzahlen bis 100

1 Schreibe die Zehnerzahlen in Geheimschrift.

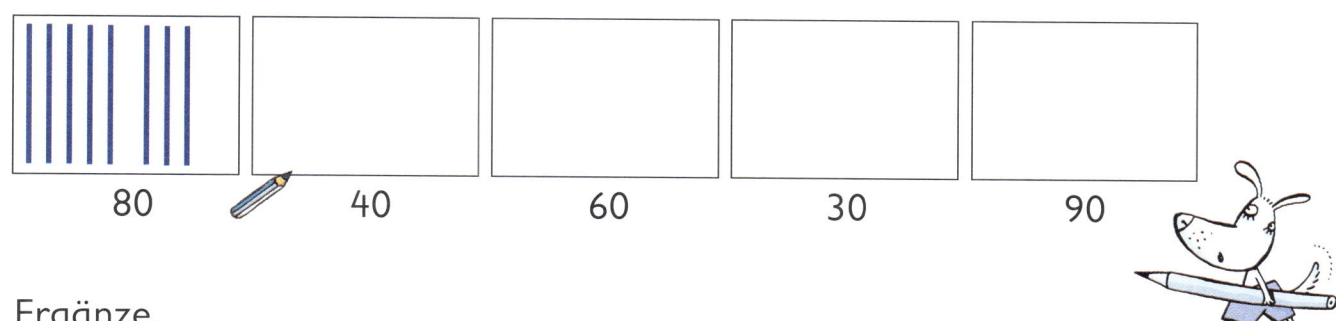

80   40   60   30   90

2 Ergänze.

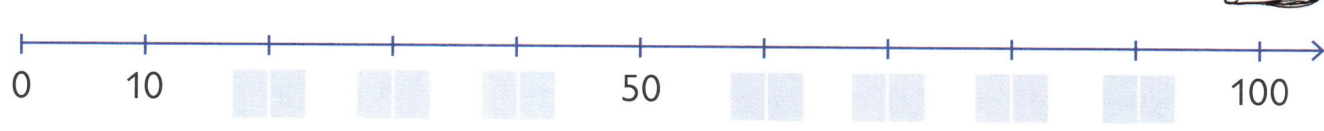

0   10   ⬜⬜ ⬜⬜ ⬜⬜   50   ⬜⬜ ⬜⬜ ⬜⬜ ⬜⬜   100

3 Schreibe alle Zehnerzahlen auf, die zwischen den Zahlen liegen.

a) 30 und 70

b) 40 und 90

c) 50 und 100

d) 20 und 80

4 Setzt das richtige Zeichen: <, =, >.

| **a)** | 5 ⬤ 7 | **b)** | 4 ⬤ 6 | **c)** | 5 ⬤ 3 | **d)** | 10 ⬤ 9 | **e)** | 7 ⬤ 6 |
| | 50 ⬤ 70 | | 40 ⬤ 60 | | 50 ⬤ 30 | | 100 ⬤ 90 | | 70 ⬤ 60 |

5 Wahr w oder falsch f ?

a) 70 < 90 ⬤   **b)** 100 < 90 ⬤   **c)** 50 < 40 ⬤   **d)** 80 > 90 ⬤

60 > 50 ⬤   40 = 14 ⬤   70 > 80 ⬤   50 < 60 ⬤

6 Ordne diese Zehnerzahlen.

a) Beginne mit der kleinsten Zahl.

⬜⬜ ⬜⬜ ⬜⬜ ⬜⬜ ⬜⬜ ⬜⬜ ⬜⬜ ⬜⬜

b) Beginne mit der größten Zahl.

⬜⬜ ⬜⬜ ⬜⬜ ⬜⬜ ⬜⬜ ⬜⬜ ⬜⬜ ⬜⬜

Addieren und Subtrahieren mit Zehnerzahlen

1

Tipp!
wenn 5 + 3 = 8
dann 50 + 30 = 80

a) 20 + 70 =
40 + 50 =
70 + 10 =
60 + 30 =

b) 80 = 20 +
60 = 40 +
50 = 30 +
70 = 50 +

20	20
20	60
80	90
90	90

2 a) 40 + ☐ = 80
10 + ☐ = 30
50 + ☐ = 100
30 + ☐ = 100

b) ☐ + 30 = 90
☐ + 50 = 60
☐ + 20 = 70
☐ + 10 = 100

3 20 + 60 + 20 =
10 + 50 + 20 =
40 + 30 + 20 =
10 + 80 + 10 =

10 20 40 50 50 60 70 90

80 90 100 100

4

Tipp!
wenn 9 − 4 = 5
dann 90 − 40 = 50

a) 80 − 60 =
100 − 50 =
70 − 60 =
30 − 20 =

b) 70 = 90 −
40 = 80 −
10 = 50 −
50 = 70 −

10	10
20	20
20	40
40	50

5 a) 80 − ☐ = 40
90 − ☐ = 10
50 − ☐ = 0
100 − ☐ = 40

b) ☐ − 10 = 60
☐ − 40 = 40
☐ − 20 = 50
☐ − 80 = 10

6 100 − 30 − 20 =
70 − 10 − 40 =
90 − 40 − 50 =
60 − 10 − 30 =

40 50 60 70 70 80 80 90

0 20 20 50

7 a)

+	30	40	20	10
20				
40				
50				

b)

−	10	30	20	40	50
60					
80					
90					

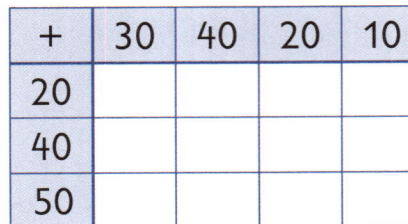

8 a) 10 + 20 + ☐ = 60
20 + 40 + ☐ = 90
30 + ☐ − 30 = 50
40 + ☐ − 10 = 90

b) 60 − 30 − ☐ = 20
90 − 20 − ☐ = 50
70 − ☐ − 20 = 30
80 − ☐ − 10 = 20

Alle Zahlen bis 100

1

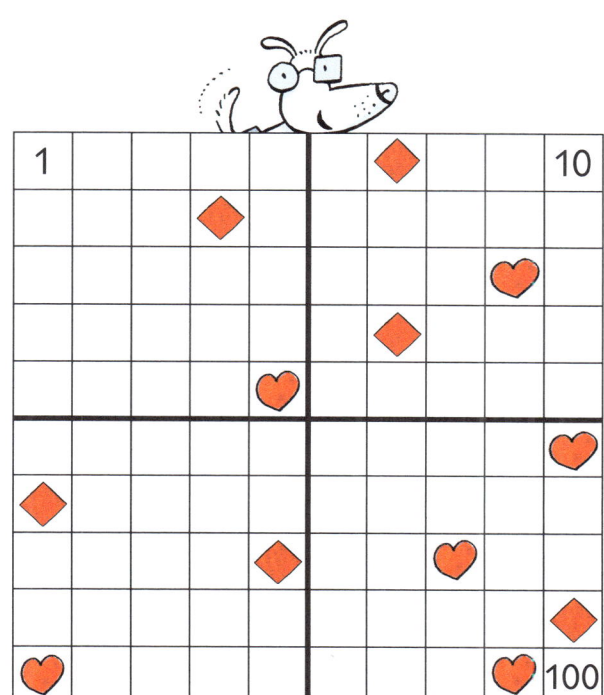

a) Schreibe die Zahlen auf für:

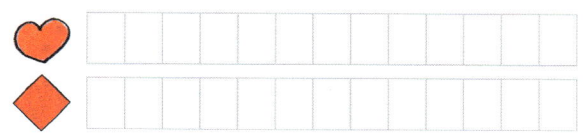

b) Schreibe alle Zahlen mit dem Einer 6 auf.

c) Schreibe alle Zahlen mit dem Zehner 8 auf.

2 Wie heißen die fehlenden Zahlen?

a) 38

b) 47

c) 52

d) 69

e) 83

f) 78

g) 26

h) 32

3 Ergänze.

a)

V	Z	N
	36	
	29	
	70	
	41	
	99	

b)

V	Z	N
	89	
49		
		100
77		
		50

c)

Zahl	Z	E
37		
	6	4
	5	0
70		
	8	1

d)

Z	E	Zahl
4	3	
9	0	
3	7	
		59
		67

1 Welche Zahlen gehören zu den Ballons? Trage sie ein.

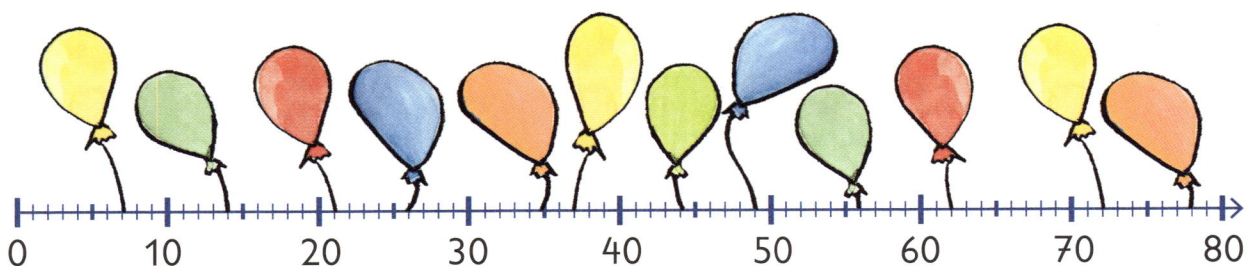

2 a) Welche Zahlen liegen zwischen 42 und 52?

b) Welche Zahlen liegen zwischen 75 und 84?

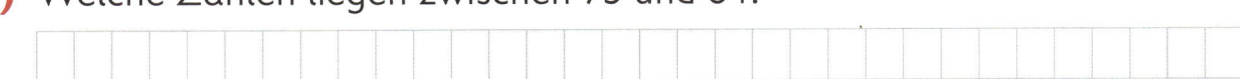

3 Ergänze.

68			71	

		51		

28		30	

		81	

				44

			100

4 Größer oder kleiner? Setze das richtige Zeichen: < >.

34 ⬤ 43   46 ⬤ 56   66 ⬤ 71   99 ⬤ 91   44 ⬤ 34   29 ⬤ 19

52 ⬤ 25   81 ⬤ 71   39 ⬤ 32   19 ⬤ 21   73 ⬤ 83   19 ⬤ 91

5 Ordne die Zahlen. Beginne

a) mit der größten Zahl.

37   73   28   82   53

84   74   60   59   47

b) mit der kleinsten Zahl.

57   61   49   18   99

48   64   81   100   60

Geraden, die einander schneiden

1 Zeichne eine Gerade a, auf der die Punkte A und B liegen.
Zeichne eine Gerade c, auf der die Punkte C und D liegen.

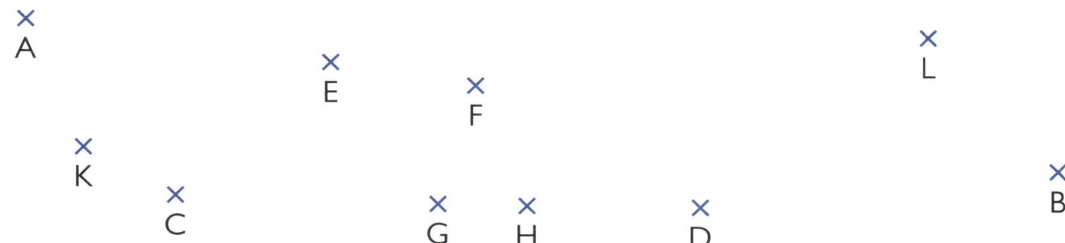

2 Zeichne vier Geraden so durch die Punkte A, B, C und D,
dass ein Viereck entsteht.

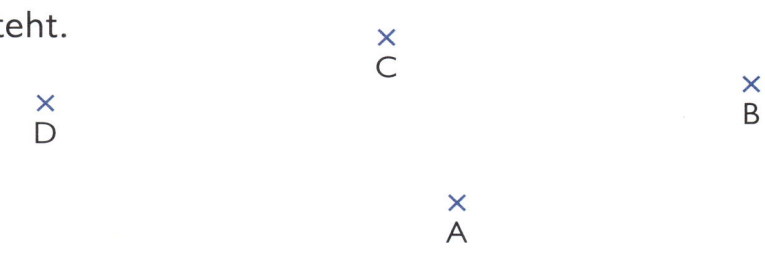

3 Zeichne jeweils eine dritte Gerade.

a) Die drei Geraden sollen sich nicht schneiden.

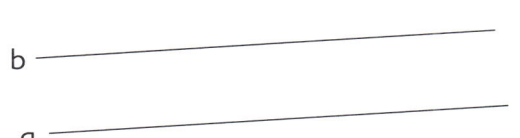

b) Die drei Geraden sollen sich in einem Punkt schneiden.

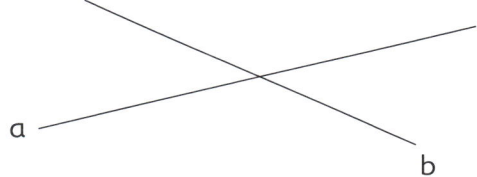

c) Die drei Geraden sollen sich in zwei Punkten schneiden.

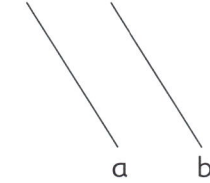

d) Die drei Geraden sollen sich in drei Punkten schneiden.

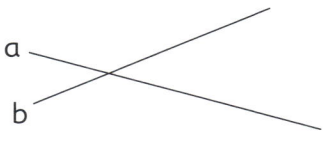

4 Verbinde drei Punkte so, dass ein Dreieck entsteht.

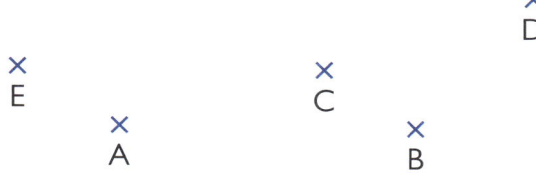

5 Verbinde vier Punkte so, dass ein Viereck entsteht.

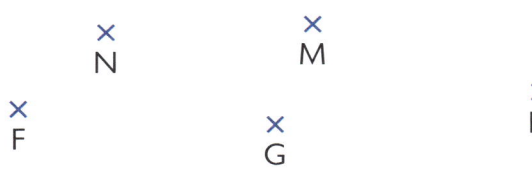

1 und 2: Geraden nach Vorgabe zeichnen   3: Gerade nach Vorgabe einzeichnen
4: Punkte zu Dreieck/Viereck verbinden; mehrere Möglichkeiten erörtern

SB 22   **TÜ** 14   11

Geraden, die zueinander parallel sind

1 Zeichne parallele Geraden mit der gleichen Farbe nach.
Überprüfe mit dem Geodreieck.

a)

b)

2 Zeichne parallele Geraden.

a)

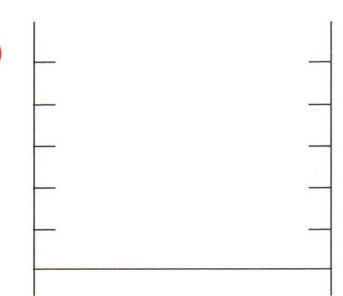

b)

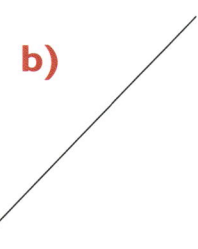

c)

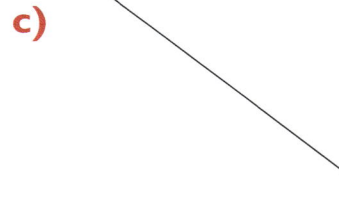

3 Zeichne die Muster mit dem Geodreieck weiter.

Geraden, die zueinander senkrecht sind

1 Zeichne die Geraden farbig nach, die zueinander senkrecht sind.
Prüfe vorher mit dem Geodreieck.

2 Zeichne die Mauer fertig. Lege das Geodreieck genau an.

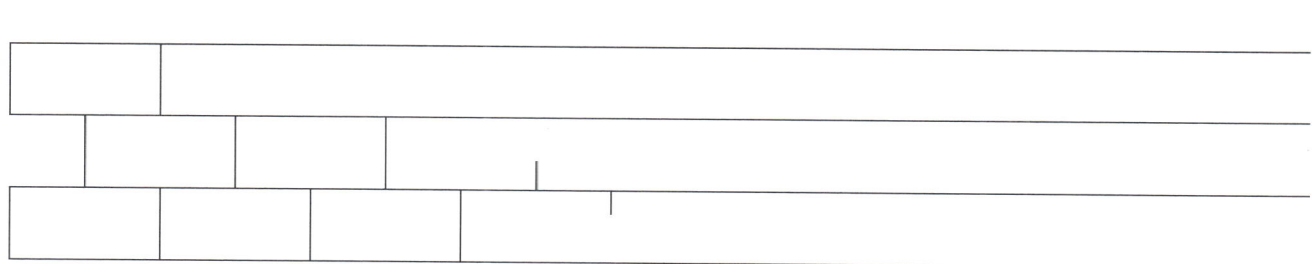

3 Zeichne Geraden senkrecht zur Geraden g, die durch die Punkte
verlaufen.

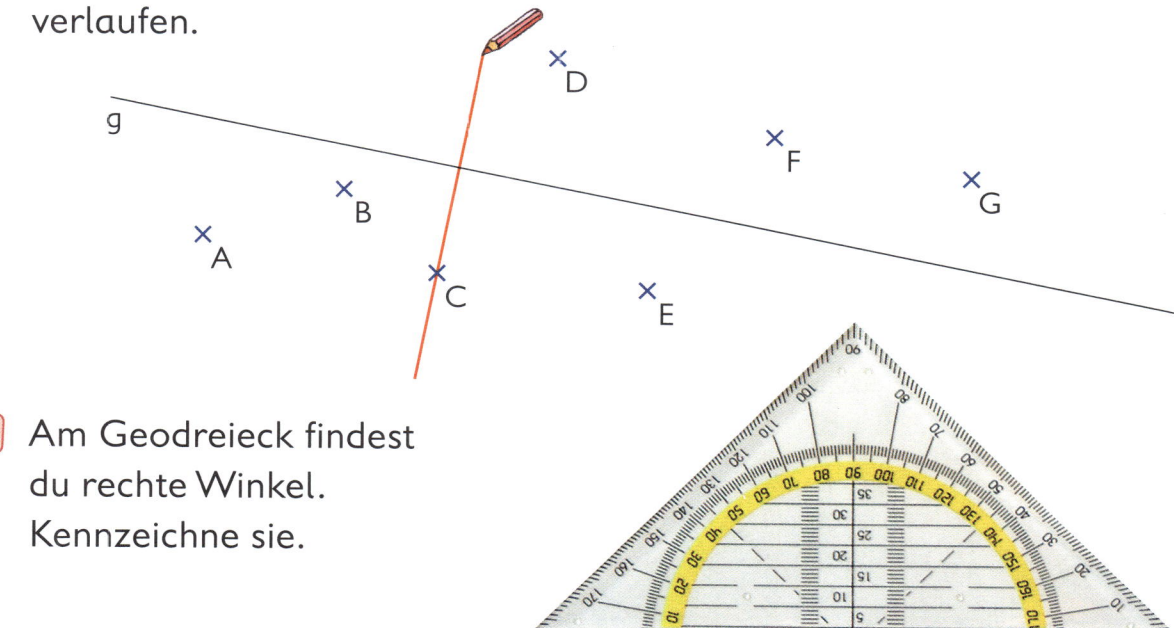

4 Am Geodreieck findest
du rechte Winkel.
Kennzeichne sie.

Addieren und Subtrahieren einstelliger Zahlen mit Zehnerzahlen

1 Welche Zahlen hat Max hier in Geheimschrift geschrieben?

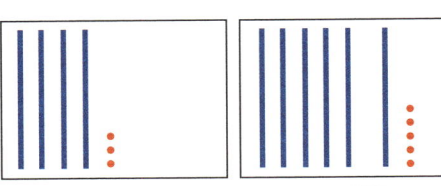 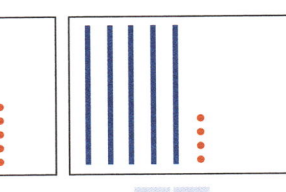 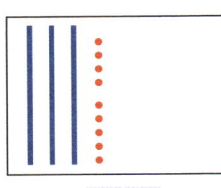 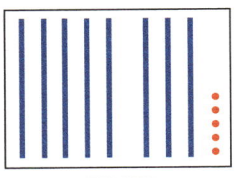

2 Schreibe selbst in Geheimschrift.

18	41	60	38	27

3 **a)** 60 + 5 = ☐☐
40 + 9 = ☐☐
70 + 6 = ☐☐
80 + 7 = ☐☐
30 + 8 = ☐☐

b) 30 + 2 = ☐☐
90 + 3 = ☐☐
50 + 4 = ☐☐
20 + 9 = ☐☐
40 + 7 = ☐☐

c) 50 + ☐ = 57
20 + ☐ = 26
30 + ☐ = 39
60 + ☐ = 64
50 + ☐ = 58

d) ☐☐ + 6 = 56
☐☐ + 4 = 94
☐☐ + 8 = 88
☐☐ + 5 = 75
☐☐ + 7 = 67

4 6 7 8 9 29 32 38 47 49 50 54 60 65 70 76 80 87 90 93

4 Ergänze zum nächsten Zehner.

a) 55 + ☐ = 60
81 + ☐ = 90
33 + ☐ = 40
64 + ☐ = ☐☐
55 + ☐ = ☐☐

b) 73 + ☐ = 80
32 + ☐ = ☐☐
67 + ☐ = ☐☐
21 + ☐ = ☐☐
66 + ☐ = ☐☐

c) 56 + ☐ = ☐☐
44 + ☐ = ☐☐
82 + ☐ = ☐☐
93 + ☐ = ☐☐
62 + ☐ = ☐☐

5 **a)**

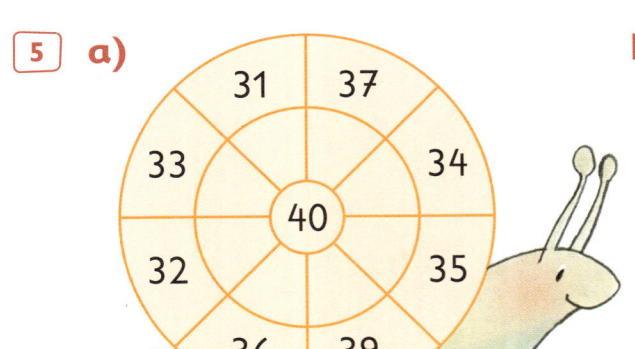

b)

1 a) 40 − 6 = ☐☐ **b)** 100 − 8 = ☐☐ **2** 70 − ☐ = 66 **3** ☐☐ − 7 = 43

40 − 5 = ☐☐ 50 − 1 = ☐☐ 40 − ☐ = 33 ☐☐ − 5 = 15

40 − 4 = ☐☐ 60 − 9 = ☐☐ 80 − ☐ = 75 ☐☐ − 9 = 51

40 − 3 = ☐☐ 90 − 6 = ☐☐ 50 − ☐ = 44 ☐☐ − 2 = 28

40 − 2 = ☐☐ 70 − 7 = ☐☐ 30 − ☐ = 29 ☐☐ − 4 = 36

| 34 35 36 37 38 49 51 63 84 92 | | 1 4 5 6 7 | | 20 30 40 50 60 |

4 Schreibe alle Zahlen als Differenz aus Zehner und Einer.

48 = 50 − 2

a) 37 = ☐☐ − ☐   **b)** 88 = ☐☐ − ☐   **c)** 52 = ☐☐ − ☐

84 = ☐☐ − ☐   61 = ☐☐ − ☐   94 = ☐☐ − ☐

43 = ☐☐ − ☐   77 = ☐☐ − ☐   69 = ☐☐ − ☐

16 = ☐☐ − ☐   32 = ☐☐ − ☐   75 = ☐☐ − ☐

5 Schreibe alle Zahlen als Summe aus Zehner und Einer.

64 = 60 + 4

a) 35 = ☐☐ + ☐   **b)** 29 = ☐☐ + ☐   **c)** 99 = ☐☐ + ☐

78 = ☐☐ + ☐   44 = ☐☐ + ☐   51 = ☐☐ + ☐

56 = ☐☐ + ☐   83 = ☐☐ + ☐   66 = ☐☐ + ☐

91 = ☐☐ + ☐   72 = ☐☐ + ☐   39 = ☐☐ + ☐

6

−	4	7		5
50			42	
60				
80				

7

−	9			
90		84		
70			62	
100				95

8 a) 30 $\xrightarrow{-9}$ ☐☐   100 $\xrightarrow{-5}$ ☐☐   90 $\xrightarrow{-☐}$ 88   30 $\xrightarrow{-☐}$ 27

b) 40 $\xrightarrow{+6}$ ☐☐   70 $\xrightarrow{+7}$ ☐☐   90 $\xrightarrow{+☐}$ 92   60 $\xrightarrow{+☐}$ 65

9 Berechne die Summe aus den Zahlen 60 und 7.

10 Berechne die Differenz aus den Zahlen 100 und 4.

Addieren einstelliger Zahlen zu zweistelligen Zahlen

1

a) 55 + 3 = ☐☐
24 + 5 = ☐☐
31 + 7 = ☐☐
46 + 2 = ☐☐
88 + 2 = ☐☐

b) 34 + ☐ = 39
76 + ☐ = 78
92 + ☐ = 97
63 + ☐ = 65
90 + ☐ = 99

2 2 5 5 9 29 38 48 58 90

2

+3	
44	
62	
81	
36	
95	

+5	
73	
	27
34	
	88
61	

3

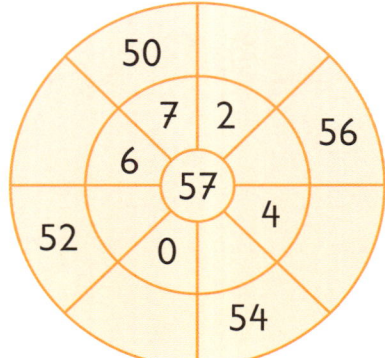
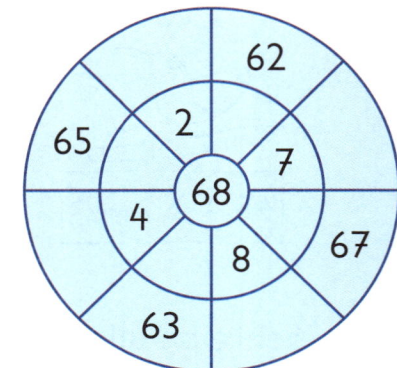

4

+	5	3	6	4
32				
54				
83				

35 36 37 38 57 58
59 60 86 87 88 89

5

+	3		2	
44		48		
62				67
	78			

4 5 46 47 49 64
65 66 75 77 79 80

6

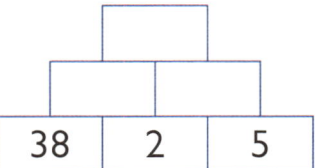

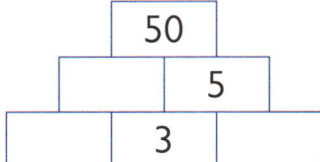

7

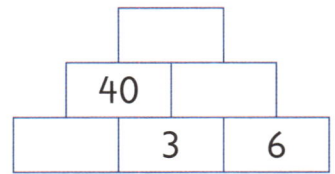

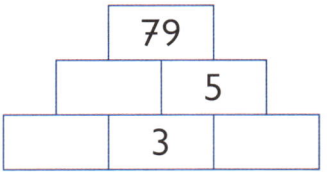

1 und 2: Addieren   2: Zahlen im Zahlenrad ergänzen   4 und 5: Tabellen ergänzen
6 und 7: Rechenmauern lösen

Subtrahieren einstelliger Zahlen von zweistelligen Zahlen

1 **a)** 47 − 6 = ⬚⬚   **b)** 83 − ⬚ = 81
93 − 2 = ⬚⬚   77 − ⬚ = 75
64 − 3 = ⬚⬚   36 − ⬚ = 32
59 − 8 = ⬚⬚   45 − ⬚ = 40
78 − 4 = ⬚⬚   59 − ⬚ = 53

2 2 4 5 6 41 51 61 74 91

2

−6	
58	
87	
69	
96	
78	

−4	
29	
	43
34	
	84
76	

3

−	6	7	5	4
48				
79				
57				
98				

41 42 43 44 50 51 52 53
72 73 74 75 91 92 93 94

4 Setze das richtige Zeichen: < = >.

a) 23 + 5  57
85 − 2 83
61 + 7 69
48 − 2  45

b) 60 51 + 7
34 36 − 3
47 42 + 5
82 89 − 6

5 Bilde Aufgabenfamilien.

a) 9 6 15   **b)** 9 7 2   **c)** ? 16 ?

6

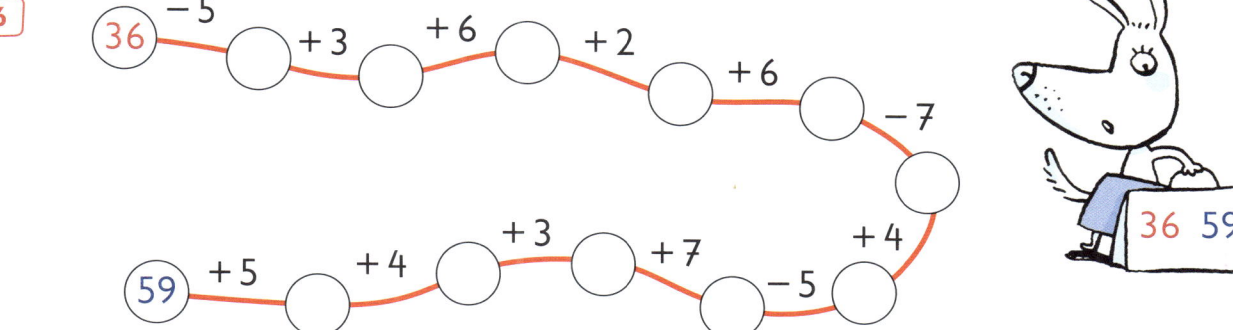

Addieren und Subtrahieren mit Zehnerübergang

1

Ich addiere.

Max

$$46 + 5$$
$$46 + 4 = 50$$
$$50 + 1 = 51$$
$$46 + 5 = 51$$

Lisa

$$62 - 5$$
$$62 - 2 = 60$$
$$60 - 3 = 57$$
$$62 - 5 = 57$$

Ich subtrahiere.

$58 + 6$ $36 + 9$ $73 - 6$ $64 - 8$

2 Rechne. Verbinde die Punkte in der Reihenfolge der Lösungen.

$17 + 4 =$ $92 - 5 =$

$45 + 7 =$ $28 - 9 =$

$67 + 6 =$ $54 - 7 =$

$36 + 8 =$ $72 - 8 =$

$59 + 9 =$ $84 - 6 =$

$78 + 7 =$ $41 - 4 =$

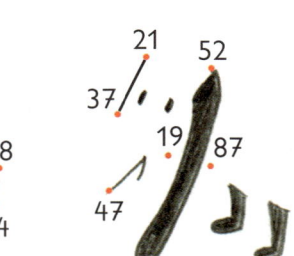
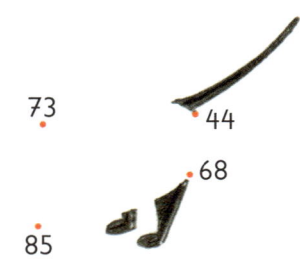

3

+5	
27	
69	
46	
87	
58	

+8	
55	
	41
27	
	94
69	

−7	
44	
	89
75	
	26
62	

−6	
92	
	39
43	
	25
84	

4

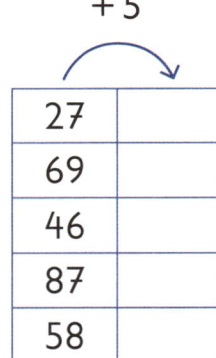

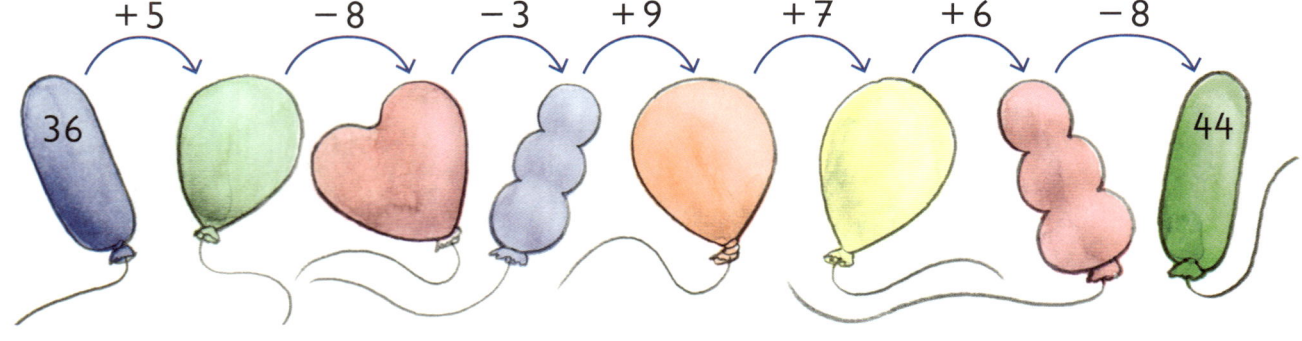

+5   −8   −3   +9   +7   +6   −8

36   44

1 Bilde Aufgabenfamilien.

a) **76** **5** **81**   b) **8** **54** **62**   c) **7** **?** **47**

2

+	4	3	5	7
37				
56				
				55

40 41 42 44 48 51
52 53 59 60 61 63

3

−	2	4	7	
74				
52				
81				75

6 45 46 48 50 67
68 70 72 74 77 79

4

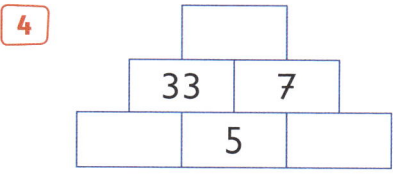

| | 33 | 7 | |
| | | 5 | |

| | | 8 | |
| | 47 | 3 | |

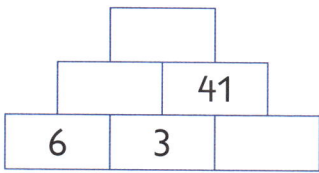

| | | 41 |
| 6 | 3 | |

5 Nutze Rechenvorteile.

a) 61 + 6 + 9 =
    8 + 12 + 7 =
    2 + 1 + 88 =
   74 + 9 + 6 =
    6 + 6 + 54 =

b) 4 + 1 + 36 =
   53 + 9 + 7 =
    8 + 24 + 6 =
    7 + 6 + 43 =
   78 + 5 + 2 =

c) 92 − 5 + 3 =
   45 + 5 − 5 =
   36 − 9 + 4 =
   83 + 6 − 3 =
   74 − 9 + 6 =

6

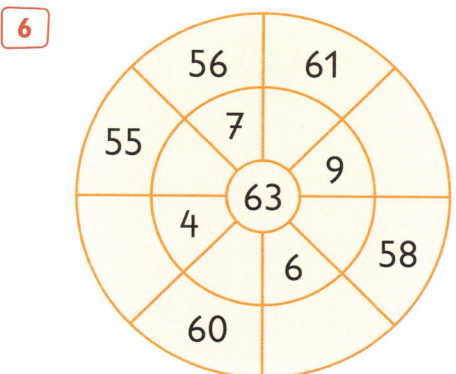

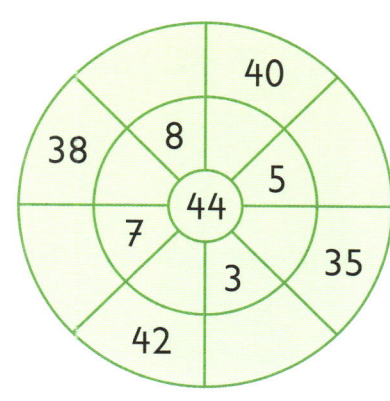

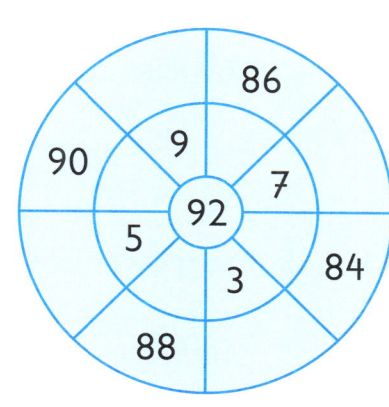

1: Aufgabenfamilien bilden   2 und 3: Tabellen ergänzen   4: Rechenmauern lösen
5: Rechenvorteile nutzen   6: Addieren im Rechenrad

SB 34–35 **TÜ** 24   19

1 Finde Additions- und Subtraktionsaufgaben und schreibe sie auf.

50	6	44	8	55
8	37	45	43	9
42	43	8	51	46
46	7	53	9	44

$4\,3 + 8 = 5\,1$ $\quad$ $5\,0 - 6 = 4\,4$

Es sind 10 Aufgaben.

2 Setze die Zahlenfolgen fort.

3	11	19							

2	8	14							

72	68	64							

3 Wahr w oder falsch f ? Schreibe die richtige Lösung dahinter.

a) $45 + 7 = 52$
$66 + 9 = 74$
$78 + 5 = 82$
$35 + 6 = 41$
$87 + 7 = 95$

b) $82 - 4 = 78$
$34 - 8 = 28$
$93 - 5 = 87$
$45 - 9 = 36$
$71 - 3 = 67$

c) $39 + 8 = 48$
$94 - 5 = 89$
$58 + 6 = 62$
$81 - 7 = 74$
$43 + 9 = 52$

4 **a)** Addiere zur Zahl 67 die Zahl 8.

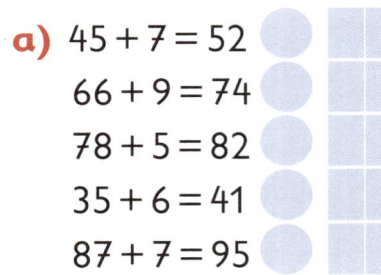

b) Subtrahiere von 56 die Zahl 7.

c) Berechne die Summe der Zahlen 89 und 9.

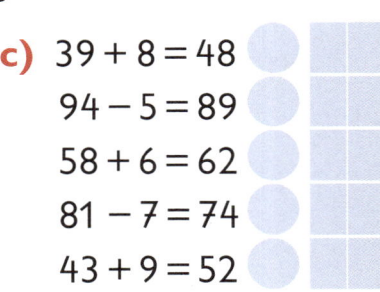

5 Subtrahiere von der Summe der Zahlen 35 und 6 die Zahl 3.

1: Additions- und Subtraktionsaufgaben finden und lösen 2: Zahlenfolgen fortsetzen 3: Lösungen auf wahr oder falsch prüfen und berichtigen 4 und 5: Inhalt erfassen, Aufgabe finden und lösen **SB** 34–35 **TÜ** 24

Rechnen mit Geld

1 **a)** Wie viel Geld haben die Kinder?

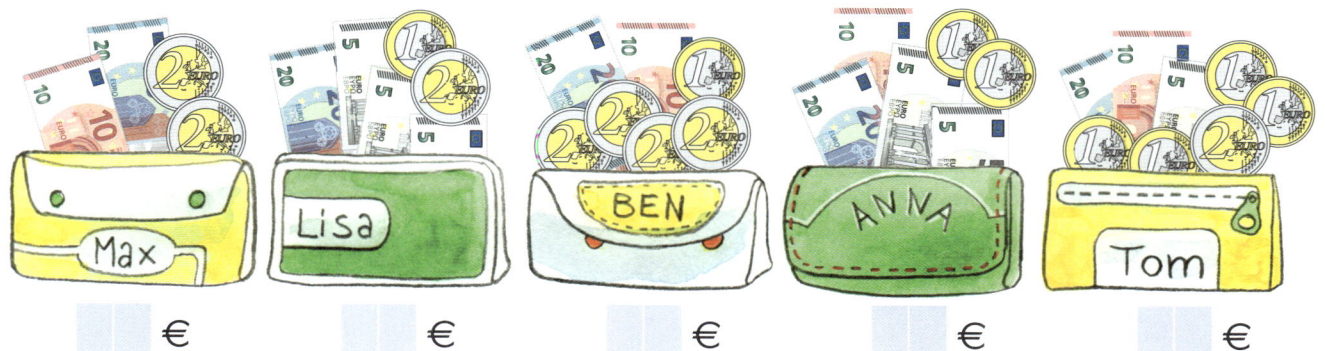

Max ☐☐ €   Lisa ☐☐ €   Ben ☐☐ €   Anna ☐☐ €   Tom ☐☐ €

b) Welches Kind hat das meiste Geld? _____

Welches Kind hat das wenigste Geld? _____

Berechne die Differenz der Geldbeträge dieser beiden Kinder.

☐☐☐☐☐☐☐   Die Differenz beträgt _____ €.

2 Wie viel Geld ist es? Schreibe auf.
Wechsle in möglichst wenige Münzen um. Male.

☐☐ ct   50

☐☐ ct

☐☐ ct

☐☐ ct

3 Rechne.

a) 26 € + 4 € = ☐☐ €   37 € + ☐☐ € = 42 €

37 € + 5 € = ☐☐ €   28 € + ☐☐ € = 34 €

89 € + 0 € = ☐☐ €   49 € + ☐☐ € = 53 €

58 € + 6 € = ☐☐ €   50 € + ☐☐ € = 60 €

4 €	5 €
6 €	10 €
30 €	42 €
64 €	89 €

b) 80 ct − 5 ct = ☐☐ ct   57 ct − ☐☐ ct = 50 ct

75 ct − 9 ct = ☐☐ ct   70 ct − ☐☐ ct = 62 ct

82 ct − 2 ct = ☐☐ ct   93 ct − ☐☐ ct = 84 ct

53 ct − 4 ct = ☐☐ ct   52 ct − ☐☐ ct = 48 ct

4 ct	7 ct
8 ct	9 ct
49 ct	66 ct
75 ct	80 ct

1 Ergänze zu 1 Euro. Male und rechne.

1€ = 100 ct

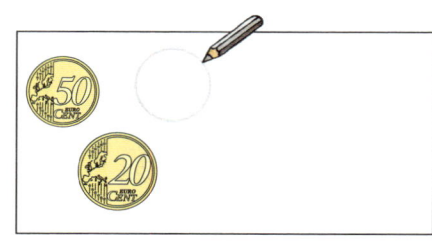 

70 ct + ▢ ct = 1 €   ▢ ct + ▢ ct = ▢ €   ▢ ct + ▢ ct = ▢ €

2 Trage die neuen Preise ein.

Sonderangebot
Alles 8 € billiger

SPORT

16̶ €̶   17̶ €̶   25̶ €̶   43̶ €̶   37̶ €̶

3 Ben kauft sich ein T-Shirt und einen Ball.
Wie viel Geld muss er bezahlen?

Er muss _____ € bezahlen.

4 Anna kauft sich Turnschuhe und eine Hose.
a) Wie viel muss sie bezahlen?

Sie muss _____ € bezahlen.

b) Wie viel Geld hat Anna durch den Einkauf während
des Sonderangebotes gespart?

Anna hat _____ € während des Sonderangebotes gespart.

5 Tom bezahlt an der Kasse 90 Euro. Was hat er gekauft?

1: Geldbeträge zu 1 Euro ergänzen   2: Neue Preise errechnen und eintragen   3 bis 5: Inhalte erfassen,
Aufgaben bilden und lösen
SB 39 **TÜ** 26

1 Ergänze die Tabelle.

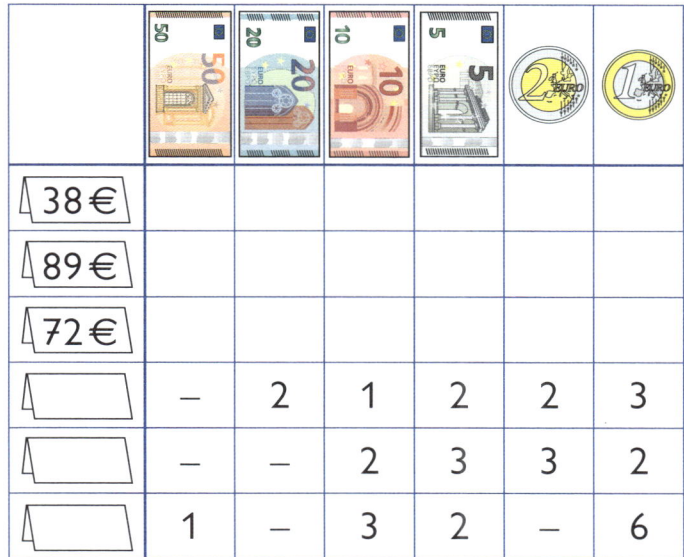

	50	20	10	5	2€	1€
38 €						
89 €						
72 €						
	–	2	1	2	2	3
	–	–	2	3	3	2
	1	–	3	2	–	6

2 Welche Spiele haben sich die Kinder gekauft? Verbinde.

„Mein Spiel habe ich mit einem 50-€-Schein bezahlt und 8 € zurück bekommen." Maria

„Mein Spiel war 5 € billiger als Marias." Max

 42 €    15 €    25 €   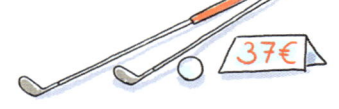 37 €

„Mein Spiel habe ich mit drei 5-€-Scheinen bezahlt." Anna

„Mein Spiel hat 10 € mehr gekostet als Annas." Ben

3 Bilde mit den Sätzen eine Sachaufgabe. Schreibe dazu die Sätze in der richtigen Reihenfolge auf. Löse die Aufgabe und antworte.

Wie viel hat die Brezel gekostet?

Er bezahlt mit einer 1-€-Münze.

Die Verkäuferin gibt ihm 25 ct zurück.

Tom kauft sich eine Laugenbrezel.

Dreiecke und Vierecke

1 Welche Figuren erkennst du? Zähle.

Figur	Anzahl

2 **a)** Verbinde jeweils 3 Punkte so, dass Dreiecke entstehen.

G
×

E
×

×
F

×   ×   ×   ×
A   B   C   D

b) Verbinde jeweils 4 Punkte so, dass Vierecke entstehen.

H   G
×   ×
            F   E
            ×   ×

            ×   ×
            C   D

×   ×
A   B

c) Ergänze die Anzahl der Eckpunkte und Seiten.

	Dreieck	Viereck
Eckpunkte		
Seiten		

3 Zeichne das Dreieck ABC.
Miss die Länge der Seiten.
Male die Dreiecksfläche an.

×
C

×
A
        × B

Seite	$\overline{AB}$	$\overline{BC}$	
Länge	3 cm		

4 Zeichne das Viereck DEFG.
Miss die Länge der Seiten.
Male die Viereckfläche an.

G   F
×   ×

D   E
×   ×

Seite	$\overline{DE}$	$\overline{EF}$	
Länge	7 cm		

1: Erkennen von Dreiecken, Vierecken und Kreisen; Bestimmen der Anzahl
2 bis 4: Zeichnen von Dreiecken und Vierecken

1 Lege mit Stäbchen Dreiecke. Trage in die Tabelle ein, wie viele Stäbchen du benötigst.

Anzahl der Dreiecke	1	2	3	4	5	6
Anzahl der Stäbchen						

2 Anna legt mit 5 Stäbchen 2 Dreiecke. Findest du heraus, wie Anna gelegt hat? Zeichne auf.

3 Wie viele Dreiecke findest du? Zeichne die Dreiecke nach.

4 Wie viele Vierecke findest du? Zeichne die Vierecke nach.

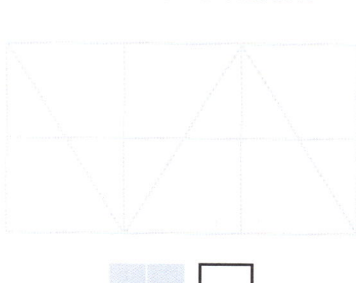

Tipp!
Beginne mit der kleinsten oder mit der größten Figur.

5 Immer zwei Figuren gehören zusammen, damit ein Dreieck oder ein Viereck entsteht.
Färbe die zusammengehörenden Teile mit gleichen Farben.

Dreiecke	Vierecke

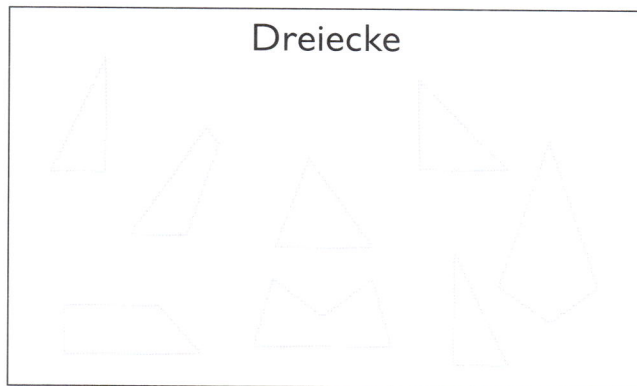

Rechtecke und Quadrate

1 **a)** Verbinde jeweils 4 Punkte so, dass Rechtecke entstehen.

b) Verbinde jeweils 4 Punkte so, dass Quadrate entstehen.

2 Zeichne die Figuren fertig, so dass

a) Rechtecke entstehen,

b) Quadrate entstehen.

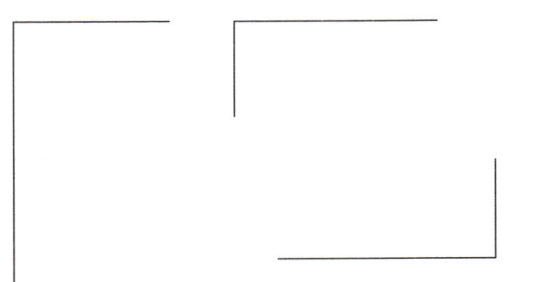

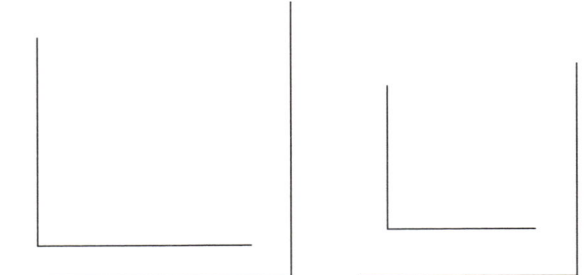

3 Ergänze die Figuren.

a) Zeichne die Rechtecke ABCD und EFGH.

b) Zeichne die Quadrate IKML und NOPR.

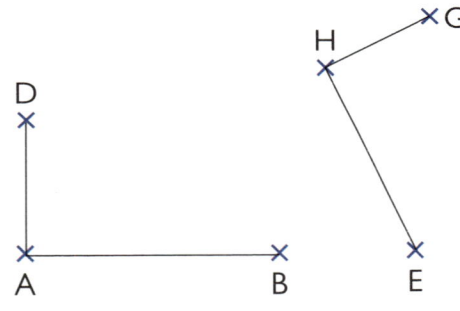

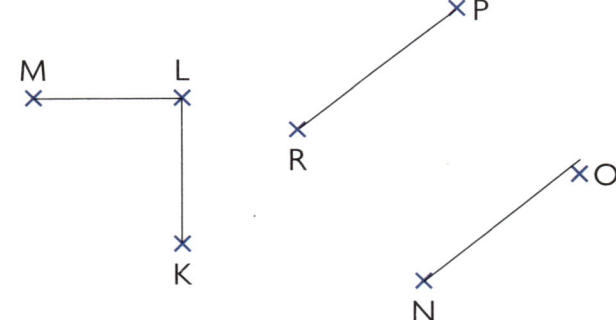

4 Wie viele Quadrate benötigst du, um jede Figur auszulegen? Zeichne sie ein.

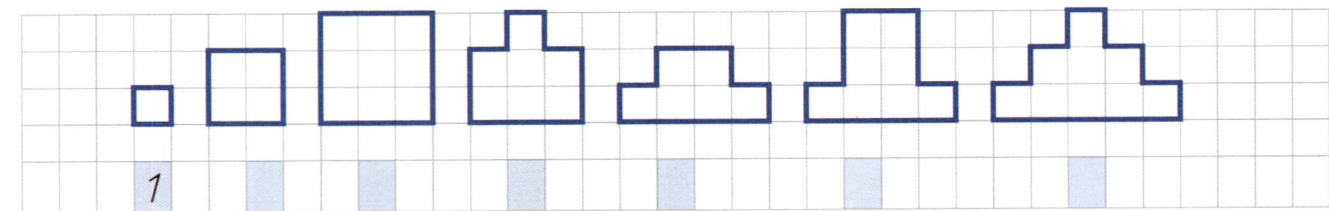

1

Muster zeichnen

Zeichne die Muster weiter.

1

2

3

4

5

6

7

8

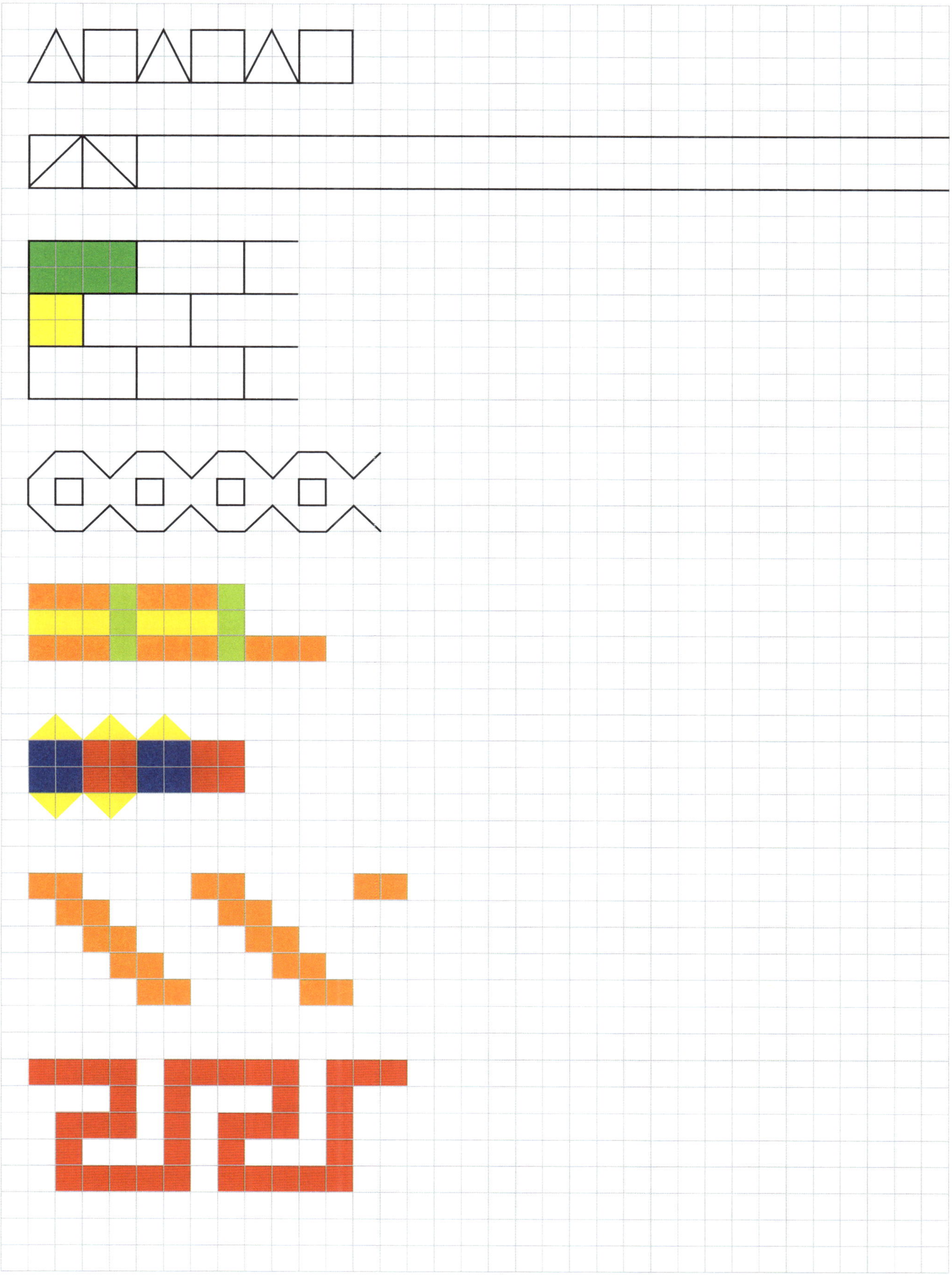

Zentimeter

1 Schätze zuerst. Miss genau nach.

	geschätzt	gemessen	Differenz zwischen geschätzt und gemessen
Länge des Mathebuches	⬜ cm	⬜ cm	⬜ cm − ⬜ cm = ⬜ cm
Breite des Mathebuches			
Länge der Federtasche			
Breite der Federtasche			
Höhe der Schultasche			
Breite der Schultasche			
Höhe des Stuhls			

2 Schätze und miss die Länge von Strecken an der Kirche.
Trage die Ergebnisse in die Tabelle ein.
Beurteile, ob du gut geschätzt hast.

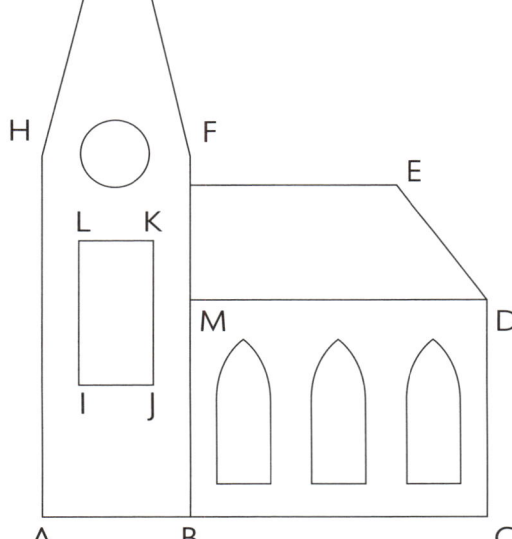

Strecke	geschätzt	gemessen
$\overline{AB}$	⬜ cm	⬜ cm
$\overline{BC}$	⬜ cm	⬜ cm

3 Verändere die Streckenlängen.

a) Verdopple.

A ———————— B

b) Verlängere um 2 cm.

E ———————————— F

c) Halbiere.

C ———————————————— D

	alte Länge	neue Länge
a)		
b)		
c)		

Messen, Zeichnen und Vergleichen von Strecken

1 **a)** Zeichne die Strecken.

$\overline{AB}$ = 6 cm $\overline{CD}$ = 65 mm

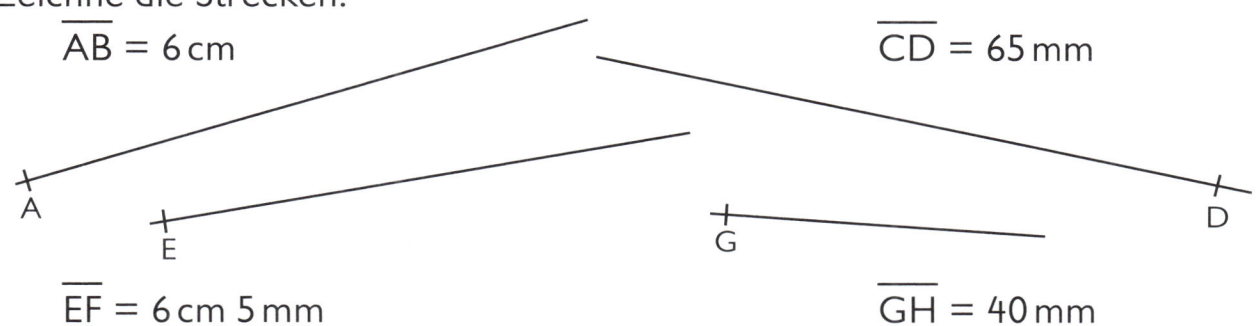

$\overline{EF}$ = 6 cm 5 mm $\overline{GH}$ = 40 mm

b) Vergleiche die Länge der Strecken.

$\overline{AB}$ ist _____ $\overline{CD}$. $\overline{AB}$ ist _____ $\overline{GH}$.

$\overline{CD}$ ist _____ $\overline{EF}$. $\overline{GH}$ ist _____ $\overline{CD}$.

2 Zeichne die Strecken.

$\overline{AB}$ = 5 cm

$\overline{CD}$ = 72 mm

$\overline{EF}$ = 8 cm 5 mm

3 Welches Auto fährt die längste Strecke? Schätze zuerst.

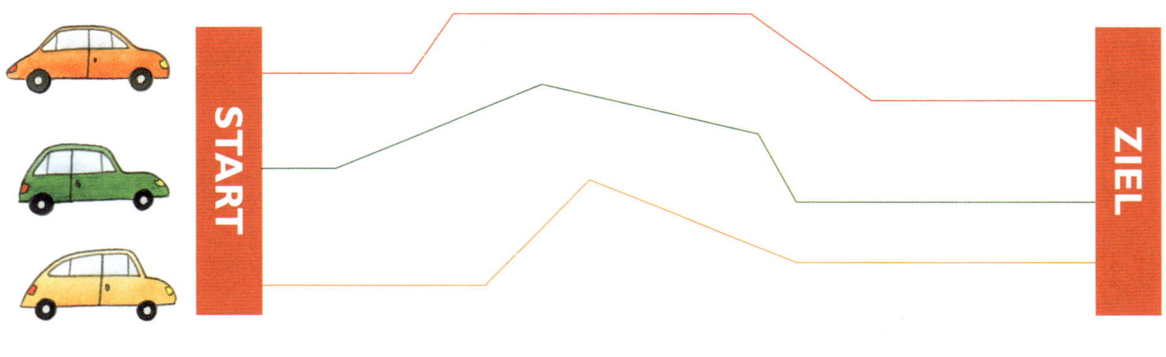

Auto			
Strecke	cm = mm	cm = mm	cm = mm

4 Ordne die Längenangaben. 6 cm, 4 cm, 30 mm, 8 cm, 83 mm, 4 mm

4 mm																							

Addieren und Subtrahieren zweistelliger Zahlen mit Zehnerzahlen

1 Zeichne und rechne.

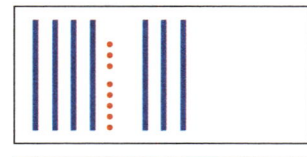   48 + 30 = ▢▢

23 + 50 = ▢▢

14 + 60 = ▢▢

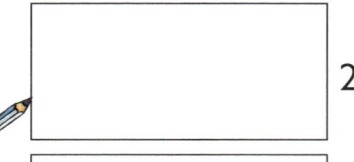   72 − 50 = ▢▢

84 − 30 = ▢▢

93 − 40 = ▢▢

2 Schreibe auf, wie du rechnest.

36 + 50   83 − 30   45 − 20

36+50

3 a) 26 + 20 = ▢▢
44 + 30 = ▢▢
12 + 70 = ▢▢
31 + 60 = ▢▢
22 + 50 = ▢▢

b) 49 + 40 = ▢▢
26 + 50 = ▢▢
31 + 60 = ▢▢
77 + 20 = ▢▢
53 + 30 = ▢▢

4 20 + ▢▢ = 81
▢▢ + 47 = 77
▢▢ + 56 = 66
50 + ▢▢ = 77
40 + ▢▢ = 81

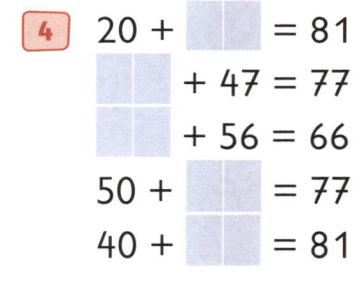
41 27
10 30
61

5 a) 66 − 40 = ▢▢
82 − 50 = ▢▢
33 − 20 = ▢▢
49 − 30 = ▢▢
51 − 20 = ▢▢

b) 83 − 40 = ▢▢
91 − 50 = ▢▢
78 − 60 = ▢▢
29 − 20 = ▢▢
61 − 30 = ▢▢

6 70 − 54 = ▢▢
90 − 63 = ▢▢
50 − 28 = ▢▢
100 − 12 = ▢▢
70 − 33 = ▢▢

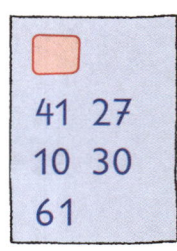
16 22
27 37
88

Addieren und Subtrahieren ohne Zehnerübergang

1 Zeichne und rechne.

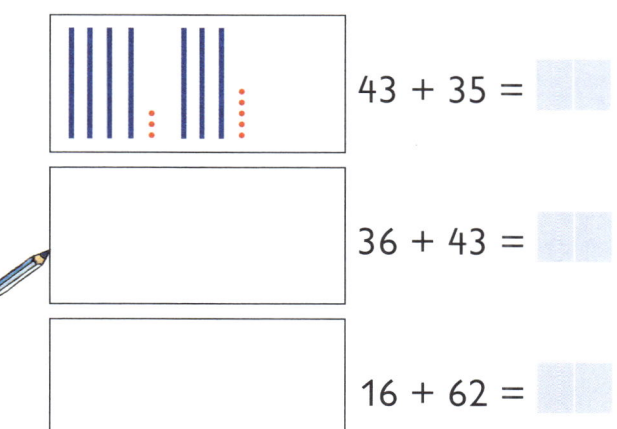

$43 + 35 =$

$36 + 43 =$

$16 + 62 =$

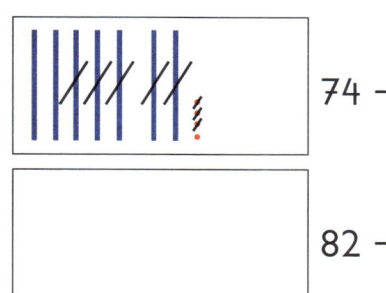

$74 - 53 =$

$82 - 41 =$

$95 - 63 =$

2 Schreibe auf, wie du rechnest.

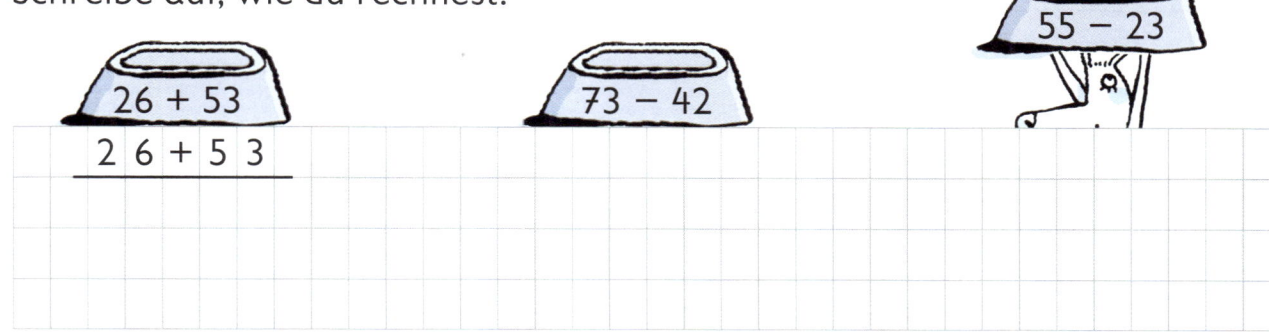

$$2\ 6 + 5\ 3$$

3 $26 + 43 =$
$54 + 32 =$
$72 - 51 =$
$84 - 32 =$
$95 - 62 =$
$38 + 21 =$

4 $72 - 40 =$
$23 + 54 =$
$31 + 46 =$
$83 - 52 =$
$97 - 36 =$
$36 + 43 =$

5 $36 + 54 =$
$92 - 42 =$
$80 - 23 =$
$41 + 19 =$
$16 + 24 =$
$70 - 35 =$

Rechne. Was stellst du fest?

6 **a)** $23 + 31 =$

$23 + 32 =$

$23 + 33 =$

$ + =$

$ + =$

b) $88 - 66 =$

$87 - 65 =$

$86 - 64 =$

$ - =$

$ - =$

7 $36 + 42 =$
$89 - 57 =$
$71 + 23 =$
$25 + 25 =$
$99 - 69 =$

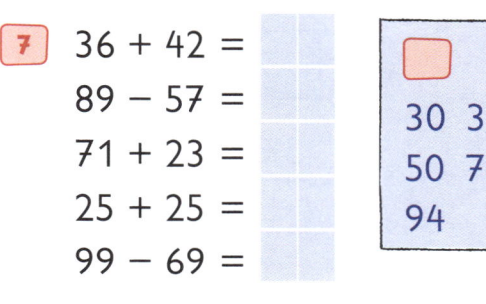

30 32
50 78
94

8 Berechne die Summe aus 36 und 43.

1: Zeichnen und Rechnen   2: Eigenen Rechenweg notieren   3 bis 5: Addieren und Subtrahieren
6: Päckchen ergänzen   8: Gleichung notieren

SB 57–58   **TÜ** 31–33   31

1 Rechne und ordne zu.

| 21 + 36 | 78 − 21 | 78 − 33 | 12 + 33 | 70 − 13 | 88 − 65 |

| 55 − 32 | **23** | **45** | **57** | **66** | 98 − 32 |

| 11 + 12 | 74 − 51 | 34 + 23 | 99 − 42 | 32 + 13 | 99 − 33 |

2

+	64	52	25	
23				64
35				89

41 48 54 60 75 76 77 87 87 99

3

−	63	54	36	
97			52	
68				43

5 14 23 25 32 34 43 45 61 72

4 Addiere immer 15.

5, 20, ☐, ☐, ☐, ☐, 95

5 Subtrahiere immer 14.

90, 76, ☐, ☐, ☐, ☐, 6

6 Löse und prüfe mit der Umkehraufgabe.

36 + 23 = ☐
59 − ☐ = ☐

66 + 32 = ☐
☐ − ☐ = ☐

21 + 57 = ☐
☐ − ☐ = ☐

53 − 31 = ☐
22 + 31 = ☐

76 − 43 = ☐
☐ + ☐ = ☐

98 − 62 = ☐
☐ + ☐ = ☐

7 Wie viel kostet alles zusammen?

3 €   12 €   2 €

12 € + ☐ € + ☐ € = ☐ €

Antwort: _____

8 Wie viel Euro bekommt Max zurück?

11 €   2 €

☐ € − ☐ € − ☐ € = ☐ €

Antwort: _____

_____

1: Aufgaben lösen und zuordnen   2 und 3: Tabellen lösen   4 und 5: Zahlenfolgen ergänzen   6: Aufgabe und Umkehraufgabe lösen   7 und 8: Gleichungen zu den Sachverhalten notieren und Antwortsatz aufschreiben   **SB** 59–60   **TÜ** 31–33

Quader, Würfel und Kugel

1 **a)** Schreibe die Namen der Körper auf.

b) Ordne die Eigenschaften zu.

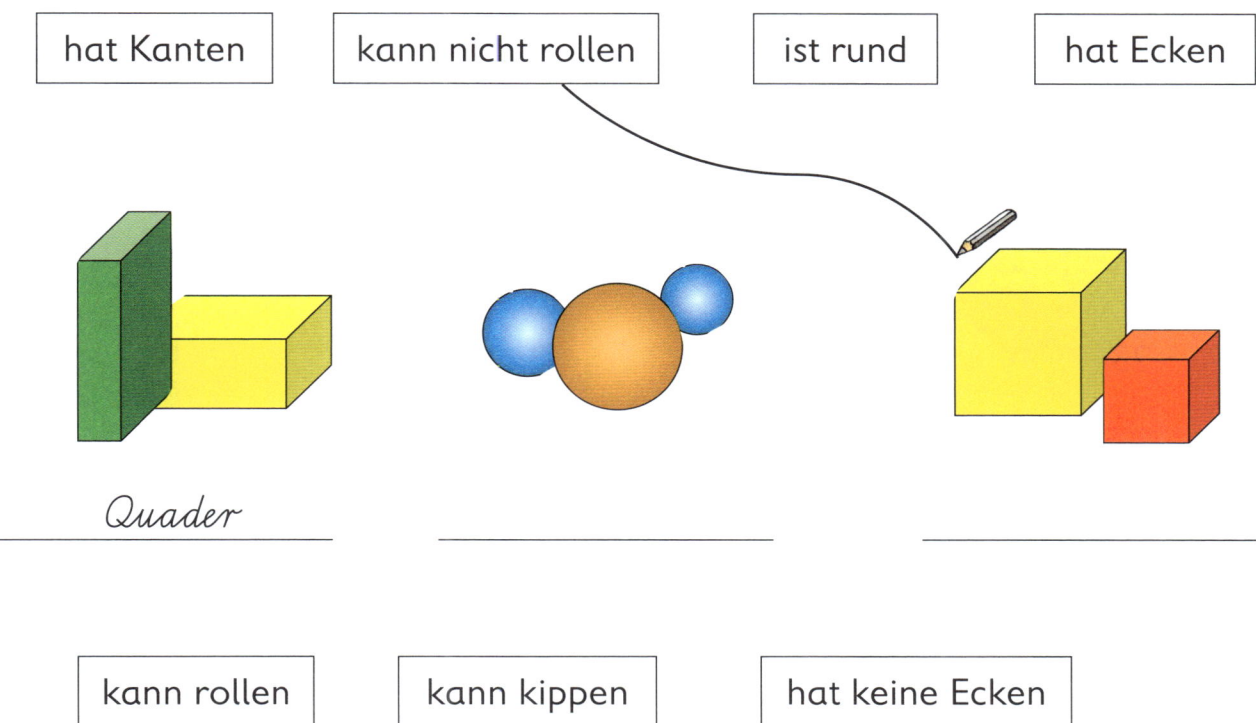

| hat Kanten | kann nicht rollen | ist rund | hat Ecken |

Quader

| kann rollen | kann kippen | hat keine Ecken |

2 Falsch oder richtig? Kreuze an.

	richtig	falsch
Ein Würfel hat 6 Flächen.	○	○
Ein Quader hat 12 Kanten.	○	○
Eine Kugel hat keine Ecken.	○	○
Ein Quader hat 8 Flächen.	○	○
Ein Quader kann nicht rollen.	○	○
Ein Würfel hat 10 Kanten.	○	○
Eine Kugel kann rollen.	○	○
Ein Würfel hat 8 Ecken.	○	○

1: Namen der Körper kennen und aufschreiben; Eigenschaften den Körpern zuordnen
2: Entscheidung durch vorzählen/zeigen begründen

SB 61 **TÜ** 34   33

1 Ordne die Begriffe zu.

Ecke	Würfel	Fläche	Quader	Kante

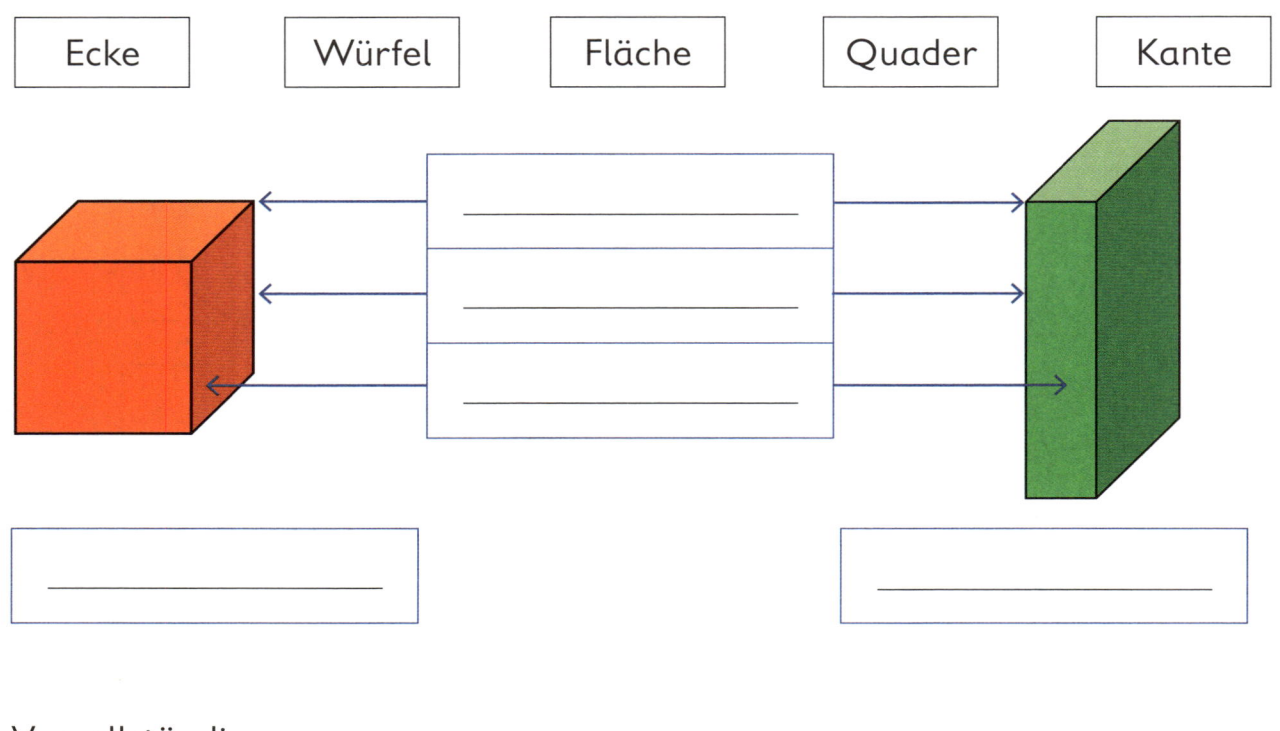

2 Vervollständige.

	Ecken		Ecken		Ecken
	Kanten		Kanten		Kanten
	Flächen		Flächen		Flächen

3 Würfel oder Quader? Kreuze an.

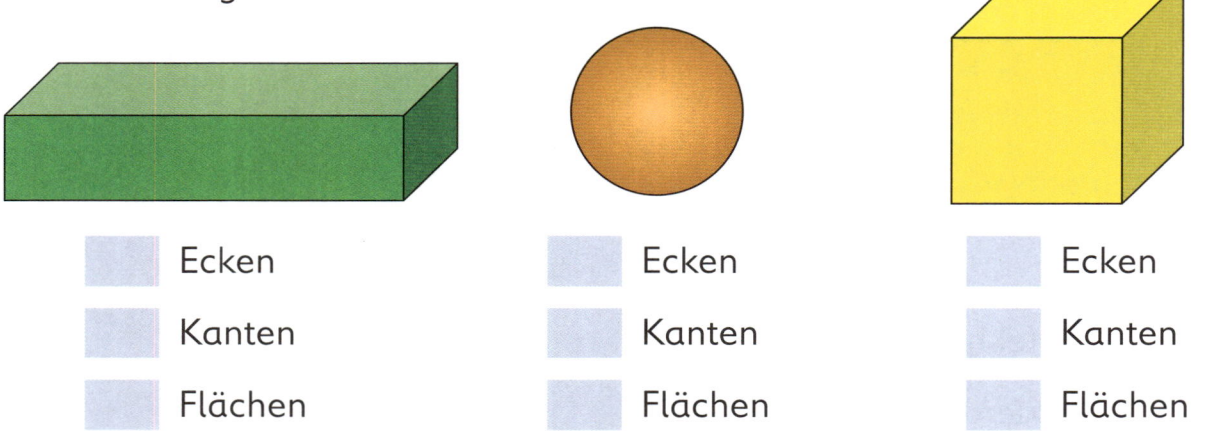

	Würfel	Quader
Alle Flächen sind gleich groß.	●	●
Alle Kanten sind gleich lang.	●	●
Alle Flächen sind Quadrate.	●	●
Alle Flächen sind Rechtecke.	●	●

Bauen mit Würfeln

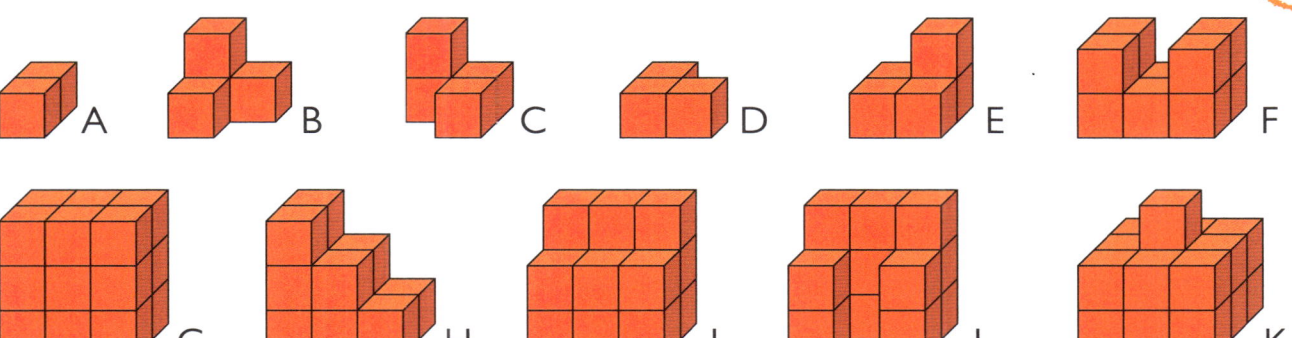

a) Wie viele Würfel sind es?

Baue die Würfelbauten nach.

	A	B	C	D	E	F	G	H	I	J	K
geschätzt											
gezählt oder gerechnet											

b) Welcher Würfelbau ist ein Quader? _____

c) Welche Würfelbauten kannst du zu einem Quader zusammensetzen? _____ und _____

d) Welche Würfelbauten kannst du zu einem Würfel zusammensetzen? _____ und _____

2 Welcher Bauplan passt zu welchem Würfelbau?

3	1	3
2	1	2

1	2	3
1	2	3

2	3	2
2	2	2

3	3	3
	2	2

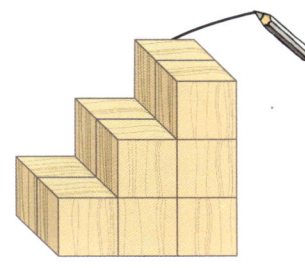
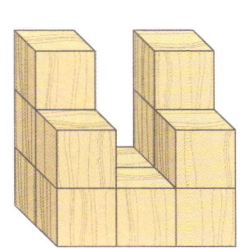
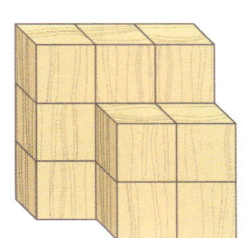

Addieren zweistelliger Zahlen mit Zehnerübergang

1 Zeichne und rechne.

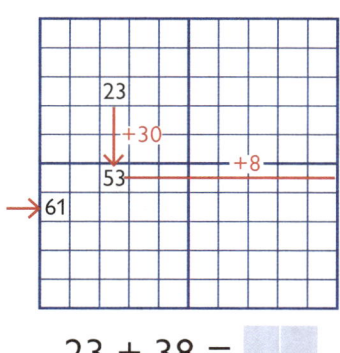 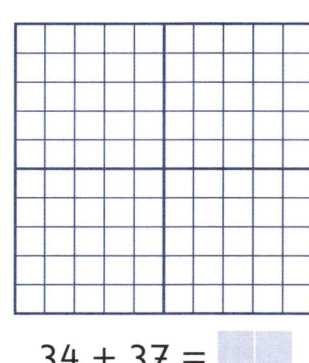 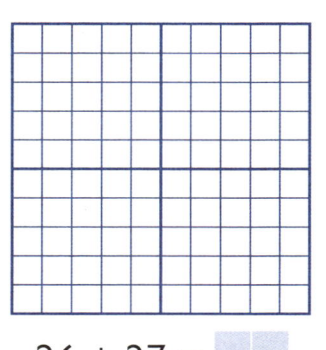 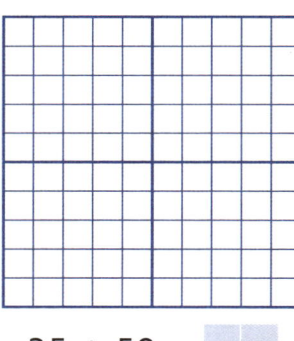

23 + 38 = ☐☐   34 + 37 = ☐☐   26 + 27 = ☐☐   35 + 58 = ☐☐

2 Schreibe auf, wie du rechnest.

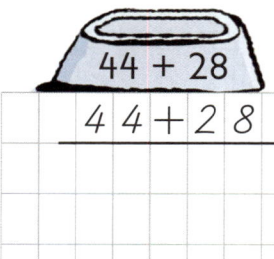 44 + 28    55 + 27   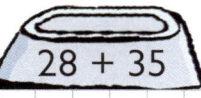 28 + 35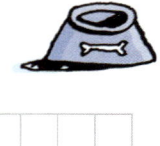

4 4 + 2 8

Rechne.

3 **a)** 33 + 28 = ☐☐   **b)** 54 + 28 = ☐☐
   44 + 37 = ☐☐   36 + 49 = ☐☐
   28 + 35 = ☐☐   22 + 69 = ☐☐
   67 + 26 = ☐☐   47 + 25 = ☐☐
   78 + 16 = ☐☐   35 + 37 = ☐☐

4

+	55	29	37	
26				85
38			81	
17				

61 63 72 72 81 82 85 91 93 94

5 Wahr ⓦ oder falsch ⓕ ?

a) Die Hälfte von 72
   ist kleiner als 40.   ⓦ ⓕ

b) Die Summe von
   36 und 37 ist 75.   ⓦ ⓕ

c) 83 ist größer als das
   Doppelte von 41.   ⓦ ⓕ

d) Das Doppelte
   von 47 ist 95.   ⓦ ⓕ

6 Die Summanden heißen 26 und 49.
   Berechne die Summe. ☐☐☐☐☐☐☐☐

1: Zeichnen und Rechnen   2: Eigenen Rechenweg notieren   3 und 4: Aufgaben/Tabelle lösen
5: Wahrheitsgehalt prüfen   6: Gleichung aufschreiben

Subtrahieren zweistelliger Zahlen mit Zehnerübergang

1 Zeichne und rechne.

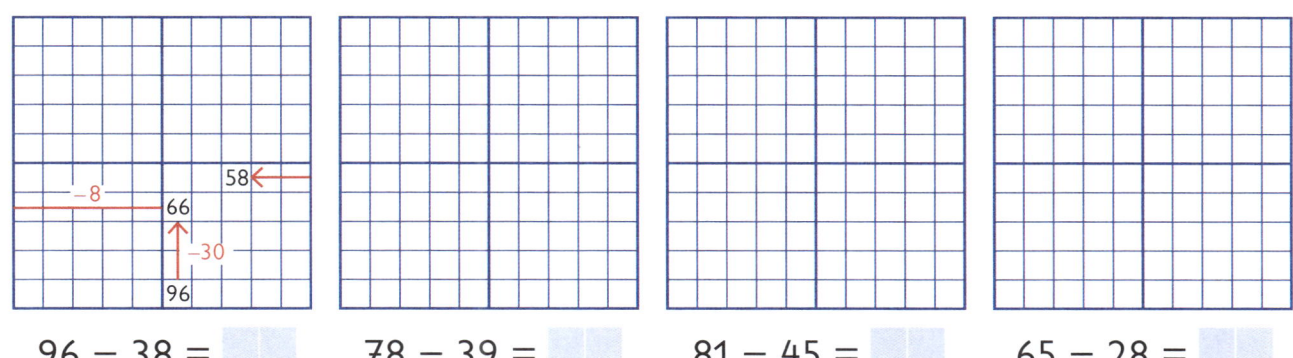

96 − 38 =   78 − 39 =   81 − 45 =   65 − 28 =

2 Schreibe auf, wie du rechnest.

72 − 38   81 − 47   93 − 54

72 − 38

Rechne.

3 a) 84 − 47 =   **b)** 93 − 56 =
      76 − 27 =   46 − 28 =
      97 − 28 =   91 − 53 =
      55 − 36 =   75 − 38 =
      44 − 18 =   63 − 17 =

4

−	25	48	54	
93				26
72			36	

5 a) 36 cm − 17 cm =   cm   **b)** 44 m − 28 m =   m
      68 cm − 29 cm =   cm   83 m − 46 m =   m
      72 cm − 25 cm =   cm   78 m − 29 m =   m
      55 cm − 17 cm =   cm   61 m − 35 m =   m
      52 cm − 46 cm =   cm   54 m − 27 m =   m

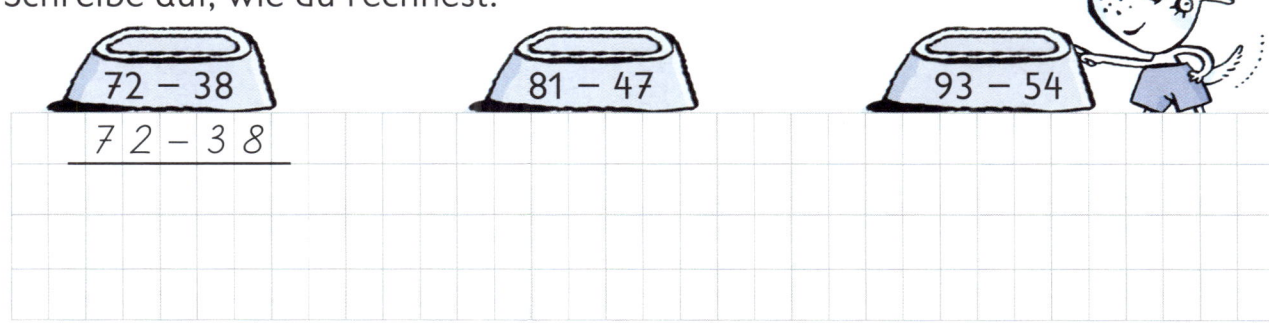

6 cm   16 m
19 cm   26 m
27 m   37 m
38 cm   39 cm
47 cm   49 m

6 Der Minuend beträgt 83 und der Subtrahend 36.
Berechne die Differenz.

Addieren und Subtrahieren mit Zehnerübergang

1 Immer drei Aufgaben haben das gleiche Ergebnis.
Färbe sie mit der gleichen Farbe.

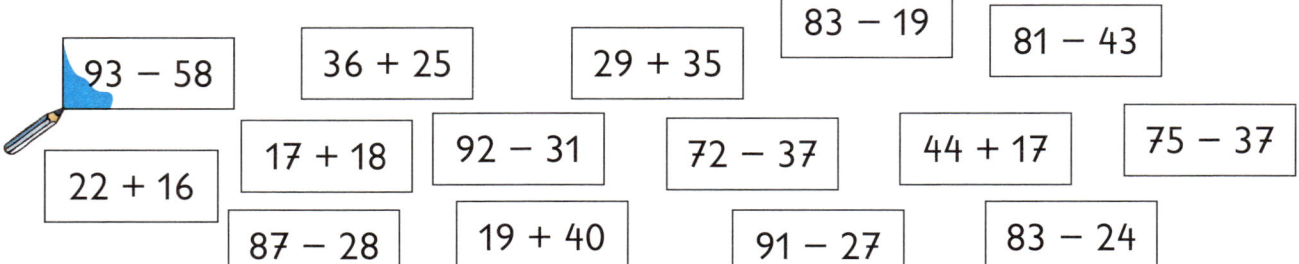

| 83 − 19 | 81 − 43 |

| 93 − 58 | 36 + 25 | 29 + 35 |

| 22 + 16 | 17 + 18 | 92 − 31 | 72 − 37 | 44 + 17 | 75 − 37 |

| 87 − 28 | 19 + 40 | 91 − 27 | 83 − 24 |

Rechne vorteilhaft.

2 **a)** 38 + 29 = ▢
57 + 39 = ▢
26 + 49 = ▢
17 + 59 = ▢
45 + 19 = ▢

b) 76 − 59 = ▢
83 − 49 = ▢
54 − 19 = ▢
97 − 39 = ▢
61 − 29 = ▢

3 36 + 29 + 31 = ▢
44 + 25 + 16 = ▢
21 + 35 + 29 = ▢
15 + 25 + 38 = ▢
18 + 33 + 17 = ▢

4
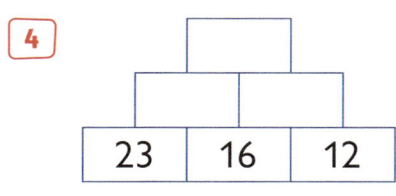

| 23 | 16 | 12 |

5
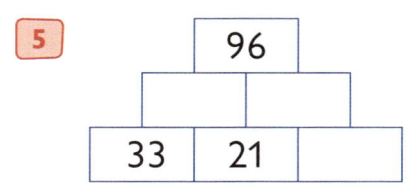

| | 96 | |
| 33 | 21 | |

6
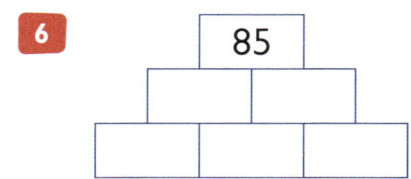

| | 85 | |

7 Setze das richtige Zeichen: < = > .

a) 24 + 38 ◯ 62
75 − 36 ◯ 37
36 + 48 ◯ 94
81 − 27 ◯ 57
23 + 38 ◯ 49

b) 76 ◯ 25 + 53
45 ◯ 92 − 57
51 ◯ 87 − 36
68 ◯ 21 + 47
26 ◯ 63 − 26

c) 44 + 27 ◯ 47 + 24
91 − 36 ◯ 83 − 26
34 + 37 ◯ 71 − 12
29 + 43 ◯ 88 − 16
82 − 52 ◯ 12 + 17

8 Bilde Aufgabenfamilien.

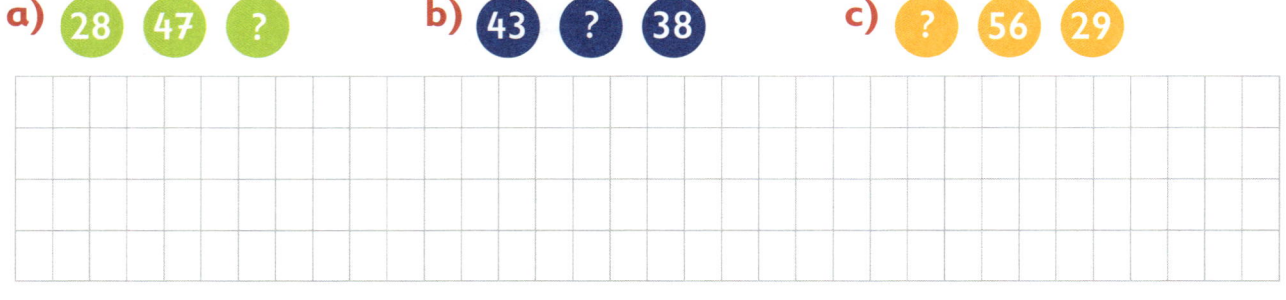

a) 28 47 ?   **b)** 43 ? 38   **c)** ? 56 29

1: Aufgaben mit gleichem Ergebnis ermitteln und kennzeichnen   2 und 3: Addieren und Subtrahieren
4 bis 6: Rechenmauern lösen   7: Relationszeichen setzen   8: Aufgabenfamilien bilden

1 **a)**

25	16	15

b)

93	
28	28	

c)

| 88 |
| 44 |
| 22 | |

2 **a)**

8	10	12	14

b)

| 56 |
| 28 |
| 14 |
| 7 | | | |

c)

| 96 |
| | 24 |
| 7 | 9 | |

3

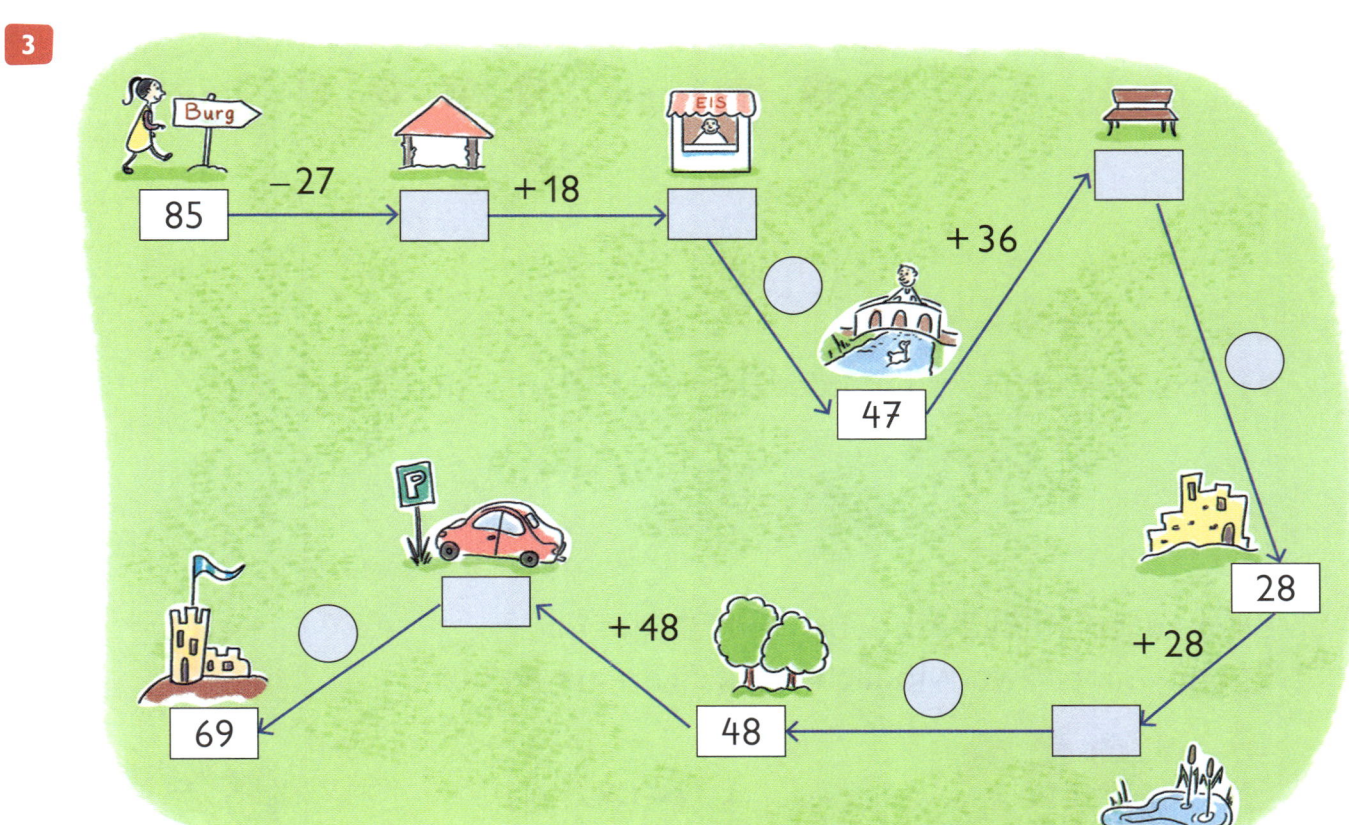

Burg   85   −27   →   +18   →   47   +36   28   +28   48   +48   69

4 Trage die richtigen Zahlen oder Zeichen ein.

a)

	−	40	=	25
−	🌷		🐰	−
32	−		=	
=	🐝	=	🌸	=
		−	23	=

b)

	+	44	=	69
+	🦋	−	🍄	
			5	=	11
=	🌷	=	🐰	=
41	+			=

c)

	+	41	=	
+	🌸	−	🐝	
43	−	38	=	
=	🦋	=	🍄	=
		+		=	52

1 und 2: Rechenmauern lösen   3: Addieren/Subtrahieren entlang des Rechenweges
4: Zahlen/Zeichen in das Rechenquadrat einsetzen

SB 69 **TÜ** 37   39

Multiplizieren

1

a) Wie sehen die beiden Beete aus, wenn alle Blumen eingepflanzt sind?

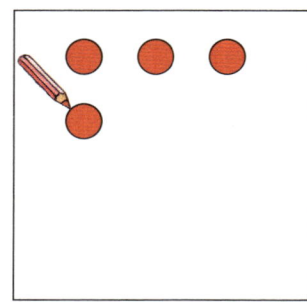   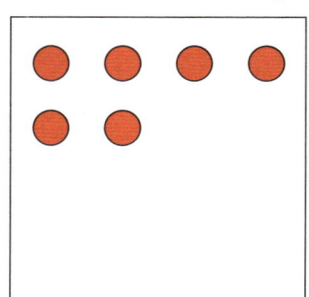

b) Schreibe und löse für jedes Beet die Aufgabe mit ✚ und mit ⚫ .

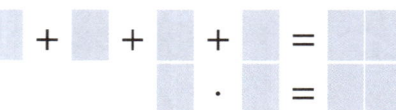   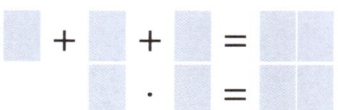

2 Bilde zu jedem Bild Aufgaben mit ✚ und mit ⚫ .
Es gibt immer zwei Möglichkeiten. Schreibe sie auf.

a)    **b)**    **c)**

40

1: Sachsituation erfassen und Punktbild erstellen; Aufgabe bilden und lösen; Vertauschbarkeit
der Faktoren erkennen   2: Aufgaben finden; beide Möglichkeiten erkennen

SB 76–77 **TÜ** 39

1 Schreibe zu jedem Punktbild zwei Aufgaben mit .
Löse sie.

a) 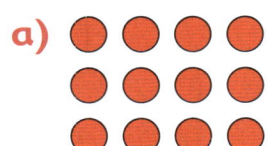 b) 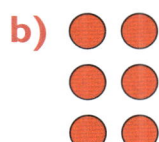 c) 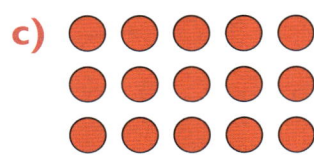 d)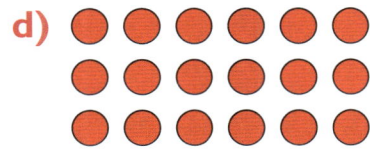

2 Zeichne die richtige Anzahl von Punkten zu den Aufgaben.

$2 \cdot 3 = 6$ $3 \cdot 2 = 6$ 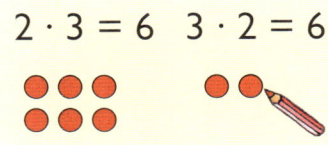 **a)** $4 \cdot 2 =$ $2 \cdot 4 =$ **b)** $4 \cdot 3 =$ $3 \cdot 4 =$

3 Schreibe unter jede Aufgabe die passende Aufgabe mit ➕.
Löse die Aufgaben.

$2 \cdot 4 = 8$ **a)** $3 \cdot 5 =$ **b)** $4 \cdot 3 =$ **c)** $2 \cdot 6 =$
$4 + 4 = 8$

4 Anna und Max haben Apfelsinen gekauft. Wer hat mehr gekauft?
Schreibe zu jedem Einkauf die passende Aufgabe mit ➖ und löse sie.

Anna: 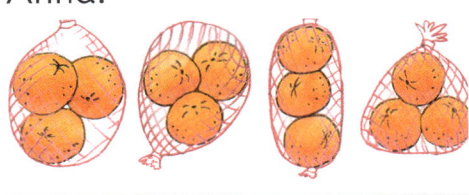   Max:

Antwort: _____

Multiplizieren mit 2

1 Was gehört zusammen? Verbinde.

| 2 · 7 | 16 | 5 · 2 | 8 | 6 · 2 | 2 · 9 | 20 | 0 · 2 |

| 12 | 18 | 2 · 8 | 10 · 2 | 10 | 0 | 14 | 2 · 4 |

2
3 · 2 = ▢
5 · 2 = ▢
9 · 2 = ▢
0 · 2 = ▢
10 · 2 = ▢

3
▢ · 2 = 14
▢ · 2 = 8
▢ · 2 = 12
▢ · 2 = 2
▢ · 2 = 16

4
8 = ▢ · 2
10 = ▢ · 2
12 = ▢ · 2
4 = ▢ · 2
18 = ▢ · 2

5
▢ · 2 = 18
2 · ▢ = 16
▢ · 2 = 6
2 · ▢ = 14
▢ · 2 = 4

6
6 —·2→ ▢▢   5 —·2→ ▢▢   **7** ▢ —·2→ 18   ▢ —·2→ 8

3 —·2→ ▢   10 —·2→ ▢▢   ▢ —·2→ 14   ▢ —·2→ 16

8

·	7	3	0	10	6	5	8	2	4	1	9
2											

9 Immer zwei Aufgaben

a)
▢ · ▢ = ▢
▢ · ▢ = ▢

b)
▢ · ▢ = ▢
▢ · ▢ = ▢

c)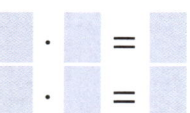
▢ · ▢ = ▢
▢ · ▢ = ▢

d)
▢ · ▢ = ▢
▢ · ▢ = ▢

10 Ben hängt jedes Handtuch mit zwei Klammern auf.
Wie viele Klammern benötigt er für sechs Handtücher?

Aufgabe:

Antwort: _____

1: Zuordnen der Aufgabe zur Lösung   2 bis 8: Multiplizieren mit 2   9: Aufgabe und Tauschaufgabe
zuordnen   10: Sachverhalt erfassen; Aufgabe bilden und lösen; Antwort schreiben   **SB** 80–81 **TÜ** 42

Multiplizieren mit 10 und 5

1 Welche Aufgaben haben das gleiche Ergebnis? Verbinde.

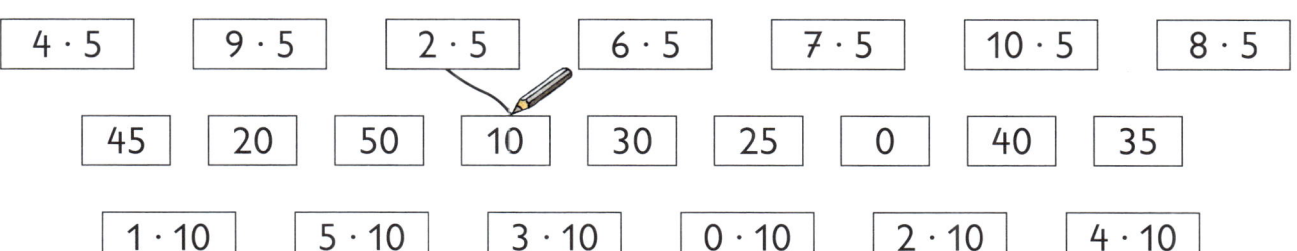

| 4 · 5 | 9 · 5 | 2 · 5 | 6 · 5 | 7 · 5 | 10 · 5 | 8 · 5 |

| 45 | 20 | 50 | 10 | 30 | 25 | 0 | 40 | 35 |

| 1 · 10 | 5 · 10 | 3 · 10 | 0 · 10 | 2 · 10 | 4 · 10 |

2
5 · 5 =
9 · 5 =
4 · 5 =
6 · 5 =
8 · 5 =

3
3 · 10 =
6 · 10 =
4 · 10 =
8 · 10 =
0 · 10 =

4
  · 10 = 70
  · 10 = 90
  · 10 = 50
  · 10 = 30
  · 10 = 10

5
  · 5 = 50
  · 5 = 5
  · 5 = 35
  · 5 = 25
  · 5 = 0

6 a)

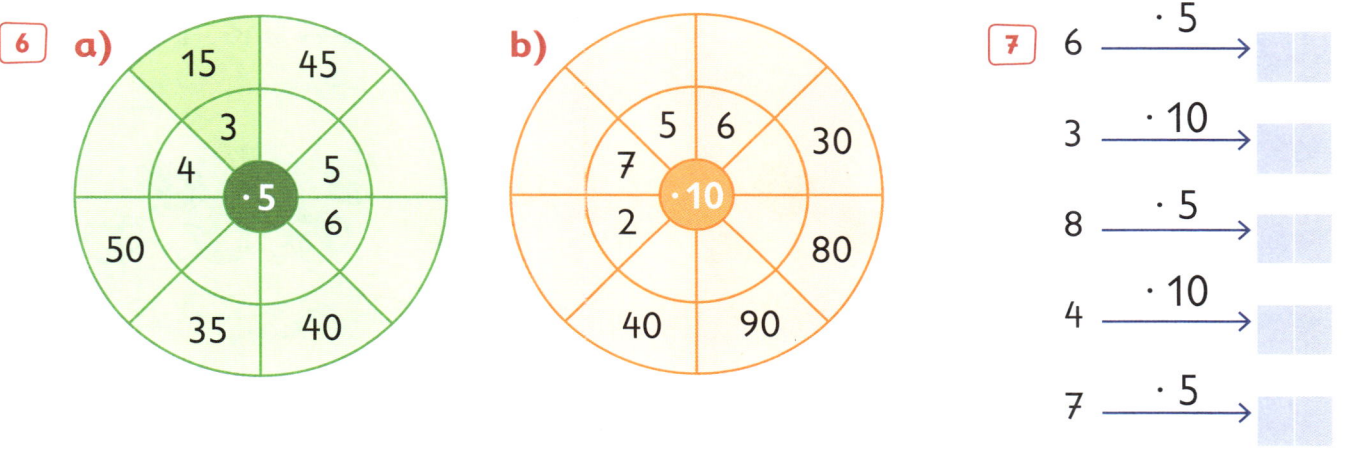

b)

7
6 $\xrightarrow{\;\cdot 5\;}$
3 $\xrightarrow{\;\cdot 10\;}$
8 $\xrightarrow{\;\cdot 5\;}$
4 $\xrightarrow{\;\cdot 10\;}$
7 $\xrightarrow{\;\cdot 5\;}$

8

·	2	5	0	7	3	9	10	8	6	1	4
5											
10											

9 In Sprüngen am Zahlenstrahl von der 20 zur 50

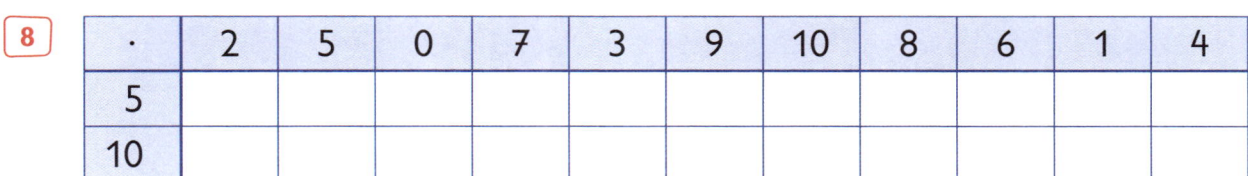

20   30   40   50

a) Wie viele Zehnersprünge sind es?   Zehnersprünge

b) Wie viele Fünfersprünge sind es?   Fünfersprünge

c) Wie viele Zweiersprünge sind es?   Zweiersprünge

Dividieren

1 **a)** Immer 3 Bonbons erhält ein Kind.
Wie viele Kinder bekommen
Bonbons?

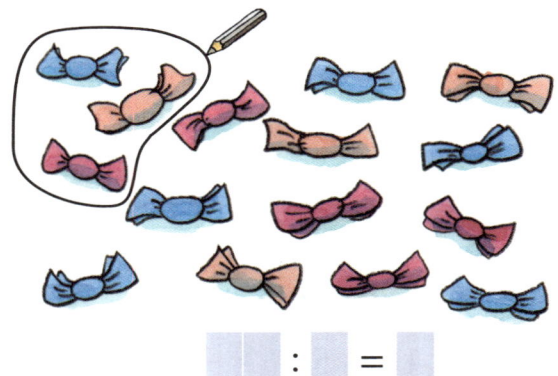

☐☐ : ☐ = ☐

b) Immer 4 Äpfel sollen in eine Tüte.
Wie viele Tüten werden benötigt?

☐☐ : ☐ = ☐

2 **a)** Verteile die Apfelsinen auf
3 Tüten. Wie viele Apfelsinen
sind in einer Tüte?

☐☐ : ☐ = ☐

b) Verteile die Äpfel auf 4 Tüten.
Wie viele Äpfel sind in
einer Tüte?

☐☐ : ☐ = ☐

3 Teile auf. Es gibt immer zwei Möglichkeiten.

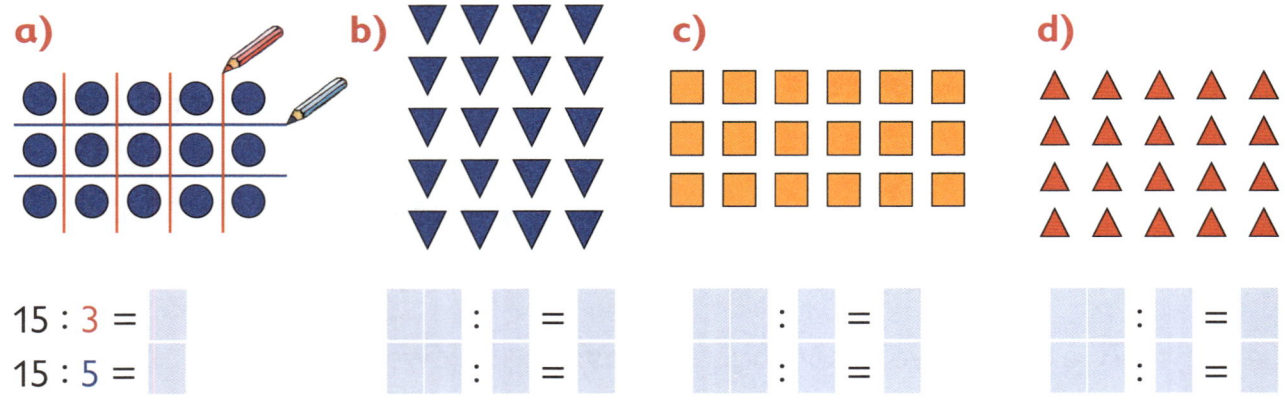

a)

$15 : 3 = $ ☐
$15 : 5 = $ ☐

b)
☐☐ : ☐ = ☐
☐☐ : ☐ = ☐

c)
☐☐ : ☐ = ☐
☐☐ : ☐ = ☐

d)
☐☐ : ☐ = ☐
☐☐ : ☐ = ☐

44

1: und 2: Aufteilen und Verteilen erfassen; als Aufgabe darstellen; Aufgaben lösen
3: Zwei Möglichkeiten des Aufteilens darstellen und dazu die Aufgaben finden; Aufgaben lösen

SB 84–85 **TÜ** 44

Dividieren – Umkehraufgaben

1 Teile auf und rechne. Überprüfe mit der Umkehraufgabe.

Immer 2: ●●|●●|●● ●●●●● ●●●●● ●●●●●   20 : 2 = [ ], denn [ ] · 2 = 20

Immer 5: ●●●●● ●●●●● ●●●●● ●●●●●   20 : [ ] = [ ], denn [ ] · [ ] = [ ]

Immer 4: ●●●●● ●●●●● ●●●●● ●●●●●   20 : [ ] = [ ], denn [ ] · [ ] = [ ]

Immer 10: ●●●●● ●●●●● ●●●●● ●●●●●   20 : [ ] = [ ], denn [ ] · [ ] = 20

2
a) · 5
5 ⟶ [ ]
: 5

b) · 2
6 ⟶ [ ]
: 2

c) · 10
8 ⟶ [   ]
: 10

d) · 7
2 ⟶ [ ]
: 7

3
a) · [ ]
8 ⟶ 16
: [ ]

b) · [ ]
5 ⟶ 45
: [ ]

c) · [ ]
4 ⟶ 40
: [ ]

d) · [ ]
9 ⟶ 18
: [ ]

4 Bilde Aufgabenfamilien.

5 3 15   3 · 5 = 15   15 : 5 = [ ]
5 · 3 = 15   15 : 3 = [ ]

a) 5 6 30

b) 9 2 18

c) 9 8 72

d) 7 14 2

5 Finde die fehlenden Zahlen.
Bilde dann Aufgabenfamilien.

a) 5 ? 8

b) 16 ? 8

c) 35 7 ?

Dividieren durch 2

1 Rechne.
Begründe mit der Umkehraufgabe.

a) 12 : 2 = ▢ , denn ▢ · ▢ = ▢

8 : 2 = ▢ , denn ▢ · ▢ = ▢

16 : 2 = ▢ , denn ▢ · ▢ = ▢

20 : 2 = ▢ , denn ▢ · ▢ = ▢

10 : 2 = ▢ , denn ▢ · ▢ = ▢

b) 18 : 2 = ▢ , denn ▢ · ▢ = ▢

2 : 2 = ▢ , denn ▢ · ▢ = ▢

14 : 2 = ▢ , denn ▢ · ▢ = ▢

4 : 2 = ▢ , denn ▢ · ▢ = ▢

6 : 2 = ▢ , denn ▢ · ▢ = ▢

2 Bilde Aufgabenfamilien.

a) 18 2 9

b) 8 16 2
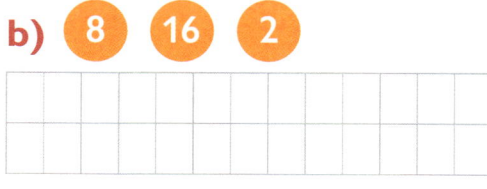

c) 2 12 6

d) 5 2 ?

3 Setze das richtige Zeichen: < = >.

a) 10 : 2 ◯ 6

4 : 2 ◯ 2

16 : 2 ◯ 7

b) 14 : 2 ◯ 6

2 : 2 ◯ 1

8 : 2 ◯ 5

c) 18 ◯ 20 : 2

5 ◯ 12 : 2

10 ◯ 10 : 2

4 An jedes Fahrrad sollen zwei Packtaschen angebracht werden.
Es wurden 14 Packtaschen angeliefert.
Wie viele Fahrräder erhalten zwei Packtaschen?

5 Tom und Maria teilen sich 16 Münzen zu je 5 Cent.
a) Wie viele Münzen erhält jedes Kind?
b) Stimmt es, dass jeder jetzt 40 Cent hat?

1: Dividieren, Ergebnis mit der Umkehraufgabe begründen   2: Aufgabenfamilien bilden
3: Relationszeichen setzen   4 und 5: Inhalt erfassen; Aufgabe finden und lösen; Antwort schreiben

SB 87 **TÜ** 45

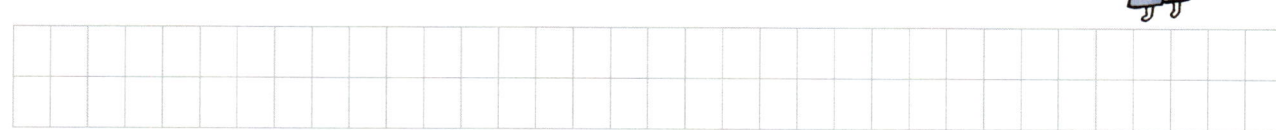

Verdoppeln und Halbieren

1 Immer das Doppelte. Male und schreibe die Aufgabe dazu.

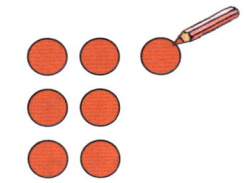  

$3 \cdot 2 =$ ⬜
⬜ $\cdot 2 =$ ⬜

$4 \cdot 3 =$ ⬜
⬜ $\cdot 3 =$ ⬜

$2 \cdot 5 =$ ⬜
⬜ $\cdot 5 =$ ⬜

Immer das Doppelte

2

5	
3	
7	
20	
6	

3

8 €		€
4 €		€
6 €		€
10 €		€
7 €		€

4

5 ct		ct
2 ct		ct
1 ct		ct
40 ct		ct
9 ct		ct

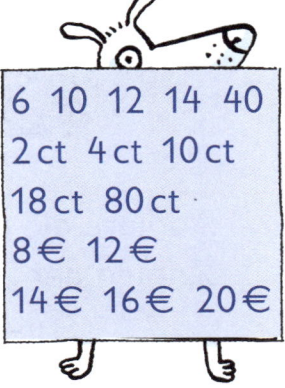

6 10 12 14 40
2 ct 4 ct 10 ct
18 ct 80 ct
8 € 12 €
14 € 16 € 20 €

5 Immer die Hälfte. Zeichne ein, wie du halbierst.
Schreibe die Aufgabe dazu.

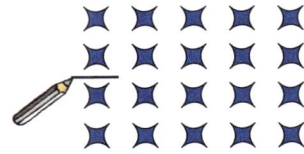 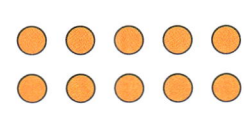 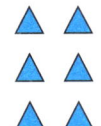 

$20 :$ ⬜ $=$ ⬜   ⬜ $:$ ⬜ $=$ ⬜   ⬜ $:$ ⬜ $=$ ⬜   ⬜ $:$ ⬜ $=$ ⬜

Immer die Hälfte

6

8	
10	
2	
16	
14	

7

20 €		€
4 €		€
12 ct		ct
18 €		€
6 ct		ct

8

14 m		m
10 cm		cm
16 cm		cm
6 mm		mm
40 m		m

1 4 5 7 8
2 € 3 ct 6 ct
9 € 10 €
3 mm
5 cm 7 m
8 cm 20 m

Gerade und ungerade Zahlen

1 Färbe im Hunderterquadrat:

a) alle Kästchen mit geraden Zahlen in der 2., 5. und 7. Zeile orange,

b) alle Kästchen mit ungeraden Zahlen in der 4. und 9. Zeile blau.

1	2	3	4	5	6	7	8	9	10
11	12	13	14	15	16	17	18	19	20
21	22	23	24	25	26	27	28	29	30
31	32	33	34	35	36	37	38	39	40
41	42	43	44	45	46	47	48	49	50
51	52	53	54	55	56	57	58	59	60
61	62	63	64	65	66	67	68	69	70
71	72	73	74	75	76	77	78	79	80
81	82	83	84	85	86	87	88	89	90
91	92	93	94	95	96	97	98	99	100

2 Addiere die ungeraden Zahlen der 1. Zeile mit den darunterstehenden Zahlen der 2. Zeile.

> 1 + 11 = 12

Stimmt es, dass die Summe immer eine gerade Zahl ist?

3 Berechne die Summen und Differenzen.
Wenn das Ergebnis eine ungerade Zahl ist, dann kreise es blau ein.

a) 19 – 8 =
46 + 6 =
28 + 9 =
67 + 7 =

b) 38 – 20 =
53 + 40 =
77 – 50 =
31 – 20 =

c) 47 – 23 =
49 + 41 =
34 – 19 =
64 – 36 =

> 11 11 15
> 18 24 27
> 28 37 52
> 74 90 93

4 Suche eine passende Zahl zwischen 7 und 13, damit

ungerade   gerade

a) das Ergebnis eine gerade Zahl wird,

15 + ☐ = ☐
27 + ☐ = ☐
48 + ☐ = ☐
79 + ☐ = ☐

b) das Ergebnis eine ungerade Zahl wird.

13 + ☐ = ☐
36 + ☐ = ☐
51 + ☐ = ☐
66 + ☐ = ☐

1: Gerade und ungerade Zahlen erkennen und färben   2: Addieren nach Vorgabe   3: Addieren und Subtrahieren; ungerade Zahlen als Ergebnis kennzeichnen   4: Passende Zahlen ermitteln; mehrere Möglichkeiten erörtern   **SB** 90   **TÜ** 47

Dividieren durch 10 und 5

1 Rechne.

Begründe mit der Umkehraufgabe.

a) 70 : 10 = ⬜ , denn ⬜ · ⬜ = ⬜

10 : 10 = ⬜ , denn ⬜ · ⬜ = ⬜

50 : 10 = ⬜ , denn ⬜ · ⬜ = ⬜

90 : 10 = ⬜ , denn ⬜ · ⬜ = ⬜

80 : 10 = ⬜ , denn ⬜ · ⬜ = ⬜

b) 35 : 5 = ⬜ , denn ⬜ · ⬜ = ⬜

20 : 5 = ⬜ , denn ⬜ · ⬜ = ⬜

5 : 5 = ⬜ , denn ⬜ · ⬜ = ⬜

15 : 5 = ⬜ , denn ⬜ · ⬜ = ⬜

45 : 5 = ⬜ , denn ⬜ · ⬜ = ⬜

2 Bilde Aufgabenfamilien.

a)

b)

c)

d)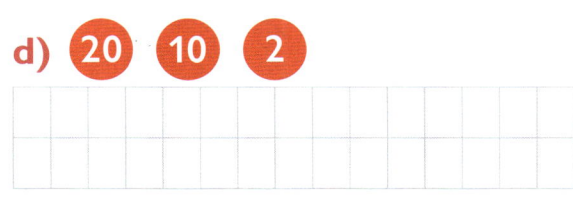

3 Setze das richtige Zeichen: < = >.

a) 25 : 5 ⬤ 4

5 : 5 ⬤ 5

10 : 5 ⬤ 2

b) 10 : 10 ⬤ 1

90 : 10 ⬤ 10

40 : 10 ⬤ 3

c) 10 ⬤ 100 : 10

7 ⬤ 60 : 10

20 ⬤ 30 : 10

4 **a)** Tom hat 40 Steckwürfel.
Er baut damit 5er-Türme.

b) Lisa hat 18 Steckwürfel.
Sie baut 2er-Türme.

c) Wer von den beiden baut mehr Türme?

5 Ben und Maria teilen 14 Münzen zu je 10 Cent.

a) Wie viele Münzen bekommt jeder?

b) Hat jedes Kind mehr oder weniger als 70 Cent?

Multiplizieren und Dividieren

1 Schreibe als Multiplikationsaufgabe.

a) $2 + 2 + 2 =$ ▢ $5 + 5 + 5 + 5 + 5 =$ ▢ $10 + 10 + 10 + 10 =$ ▢

   ▢ · ▢ = ▢   ▢ · ▢ = ▢   ▢ · ▢ = ▢

b) $5 + 5 =$ ▢ $10 + 10 + 10 =$ ▢ $2 + 2 + 2 + 2 + 2 + 2 + 2 =$ ▢

   ▢ · ▢ = ▢   ▢ · ▢ = ▢   ▢ · ▢ = ▢

2 Schreibe als Additionsaufgabe.

$3 · 5 =$ ▢ $6 · 5 =$ ▢

| 5 | + 5 | + 5 | = | | | | | | | | |

$4 · 2 =$ ▢ $2 · 10 =$ ▢

3

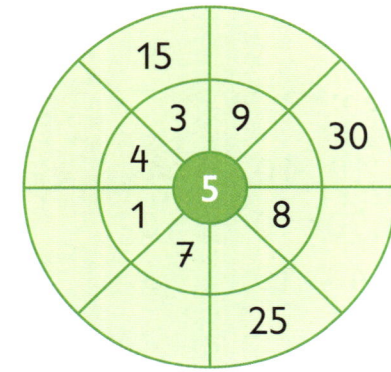
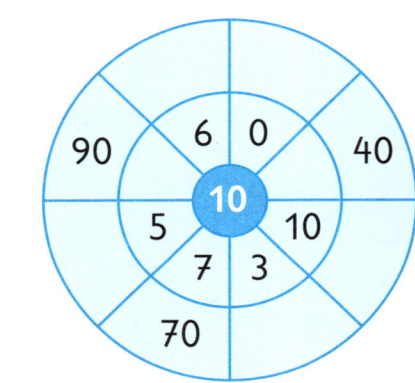

4 Teile auf und rechne.

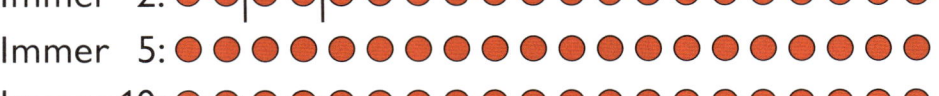

Immer 2: ▢ : ▢ = ▢

Immer 5: ▢ : ▢ = ▢

Immer 10: ▢ : ▢ = ▢

5 Dividiere. Begründe mit der Umkehraufgabe.

a) $8 : 2 =$ ▢ , denn ▢ · ▢ = ▢   **b)** $15 : 5 =$ ▢ , denn ▢ · ▢ = ▢

   $14 : 2 =$ ▢ , denn ▢ · ▢ = ▢ $35 : 5 =$ ▢ , denn ▢ · ▢ = ▢

   $18 : 2 =$ ▢ , denn ▢ · ▢ = ▢ $20 : 5 =$ ▢ , denn ▢ · ▢ = ▢

   $12 : 2 =$ ▢ , denn ▢ · ▢ = ▢ $5 : 5 =$ ▢ , denn ▢ · ▢ = ▢

1 **a)** 40 $\xrightarrow{:\,\square}$ 4 $\xrightarrow{\cdot\,\square}$ 8　　**b)** 5 $\xrightarrow{\cdot\,\square}$ 30 $\xrightarrow{:\,\square}$ 3

　　　70 $\xrightarrow{:\,\square}$ 7 $\xrightarrow{\cdot\,\square}$ 35　　　　10 $\xrightarrow{\cdot\,\square}$ 20 $\xrightarrow{:\,\square}$ 4

　　　50 $\xrightarrow{:\,\square}$ 10 $\xrightarrow{\cdot\,\square}$ 20 $\xrightarrow{:\,\square}$ 4　　8 $\xrightarrow{\cdot\,\square}$ 40 $\xrightarrow{:\,\square}$ 4 $\xrightarrow{\cdot\,\square}$ 20

　　　4 $\xrightarrow{\cdot\,\square}$ 40 $\xrightarrow{:\,\square}$ 8 $\xrightarrow{\cdot\,\square}$ 16　　20 $\xrightarrow{:\,\square}$ 4 $\xrightarrow{\cdot\,\square}$ 40 $\xrightarrow{:\,\square}$ 5

2

·	5	2	10
3			
7			
0			
5			
9			

3

:	5	10
20		
10		
40		
30		
50		

```
0 0 0 1 2 2 3
4 4 5 6 6 8
10 10 14 15
18 25 30 35
45 50 70 90
```

4 **a)** 20 € : 5 = ☐ €　**b)** 7 ct · 2 = ☐ ct　**c)** 16 m　 : 2 = ☐ m

　　　90 € : 10 = ☐ €　　　10 ct · 6 = ☐ ct　　　40 mm : 5 = ☐ mm

　　　18 € : 2 = ☐ €　　　 8 ct · 5 = ☐ ct　　　80 cm　: 10 = ☐ cm

　　　45 € : 5 = ☐ €　　　10 ct · 10 = ☐ ct　　　100 m　 : 10 = ☐ m

> 4 € 　9 € 　9 € 　9 € 　14 ct 　40 ct 　60 ct 　100 ct 　8 mm 　8 cm 　8 m 　10 m

5 **a)** Anna verteilt 35 Bonbons an 7 Kinder. Wie viele Bonbons erhält jedes Kind?

Aufgabe:

Antwort:

b) Jedes Kind fertigt 10 Wimpel für eine Wimpelkette an. Insgesamt arbeiten 10 Kinder. Wie viele Wimpel wird die Kette haben?

Aufgabe:

Antwort:

Zeichnen von Kreisen

1 Zeichne um die Punkte M, N und K Kreise mit dem angegebenen Radius.

r = 2 cm   r = 28 mm   r = 2 cm 5 mm

×
M

×
N

×
K

2 Zeichne um S einen zweiten Kreis mit einem doppelt so großen Radius.

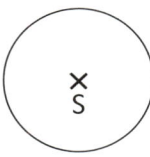

3 Zeichne um P einen zweiten Kreis mit einem halb so großen Radius.

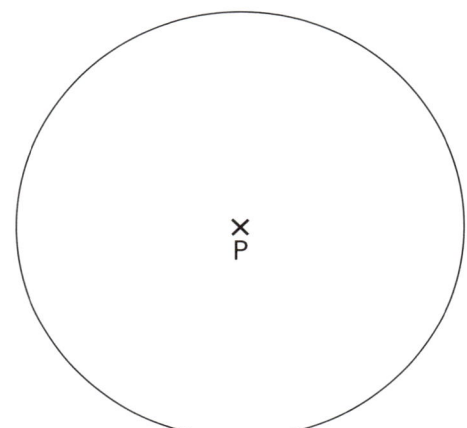

4 Zeichne zwei Kreise, die sich schneiden.

5 Zeichne zwei Kreise, die sich berühren.

6 Zeichne das Muster weiter.

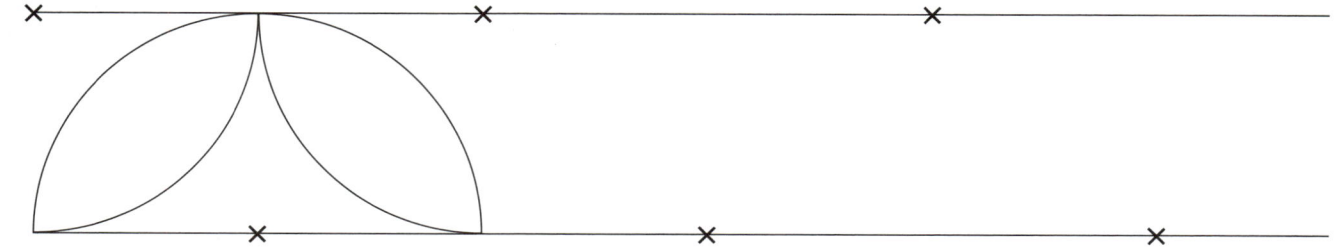

Symmetrische Figuren

1 Das Spiegelbild stimmt nicht. Finde 10 Fehler. Kreise sie ein.

2 Ergänze zu symmetrischen Figuren.

3 Sind alle Linien wirklich Symmetrieachsen?
Prüfe mit dem Spiegel und zeichne die Symmetrieachsen nach.

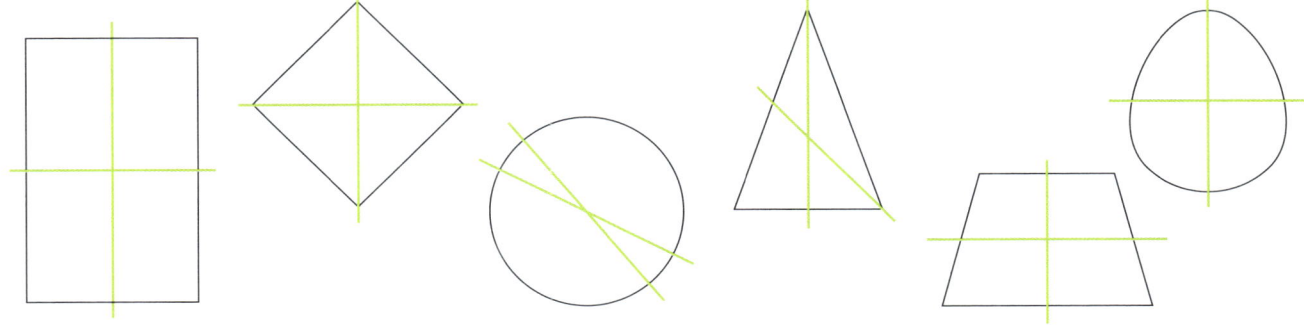

4 Ist Anna glücklich oder traurig?
   a) Nimm dir einen Spiegel.   **b)** Zeichne solche Gesichter.

1: Fehler finden   2: Symmetrische Figuren zeichnen   3: Symmetrieachsen erkennen
4: Gesichter zeichnen, die nicht symmetrisch sind

SB 100–101 **TÜ** 52   53

Die Uhrzeit

1 Wie spät ist es? Gib jeweils die Vormittags- und die Nachmittagszeit an.

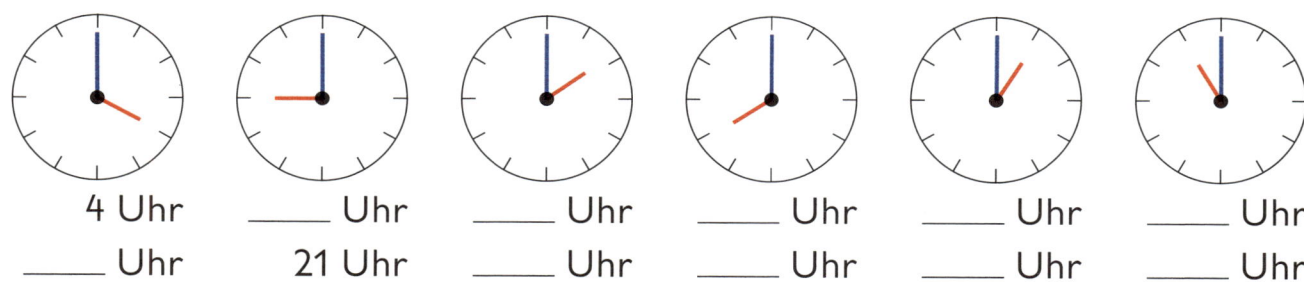

4 Uhr   _____ Uhr   _____ Uhr   _____ Uhr   _____ Uhr   _____ Uhr

_____ Uhr   21 Uhr   _____ Uhr   _____ Uhr   _____ Uhr   _____ Uhr

2 Zeichne die Zeiger ein. Ergänze die fehlenden Uhrzeiten.

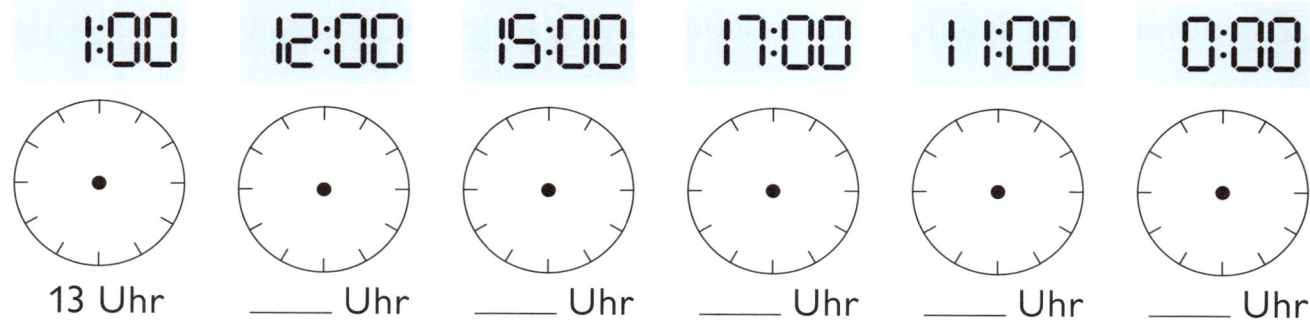

13 Uhr   _____ Uhr   _____ Uhr   _____ Uhr   _____ Uhr   _____ Uhr

3 Welche Uhrzeiten verstecken sich hinter diesen Angaben? Schreibe sie auf.

acht Uhr vormittags   vier Uhr nachmittags   zwei Uhr nachts   sechs Uhr morgens   zwölf Uhr mittags

_____   _____   _____   _____   _____

4 Färbe die angegebenen Minuten in den Uhren.

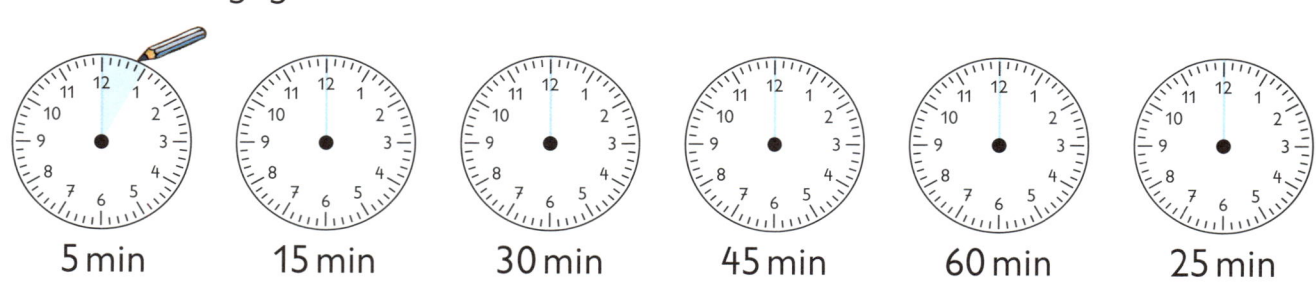

5 min   15 min   30 min   45 min   60 min   25 min

5 Verbinde gleiche Uhrzeiten.

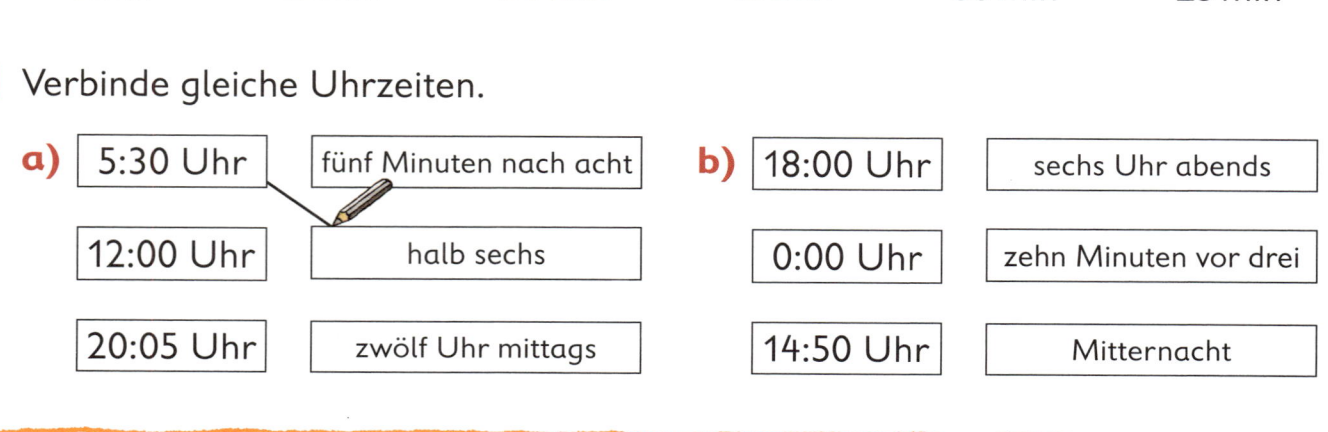

a)

5:30 Uhr	fünf Minuten nach acht
12:00 Uhr	halb sechs
20:05 Uhr	zwölf Uhr mittags

b)

18:00 Uhr	sechs Uhr abends
0:00 Uhr	zehn Minuten vor drei
14:50 Uhr	Mitternacht

1: Uhrzeiten ablesen; Vor- und Nachmittagszeit angeben   2: Zeigerstellung einzeichnen; fehlende Uhrzeiten ergänzen   3: Uhrzeiten aufschreiben   4: Minuten einzeichnen   5: Gleiche Uhrzeiten verbinden   **SB** 102–103   **TÜ** 53–54

1 Wie spät ist es? Schreibe jeweils die Vormittags- und die Nachmittagszeit auf.

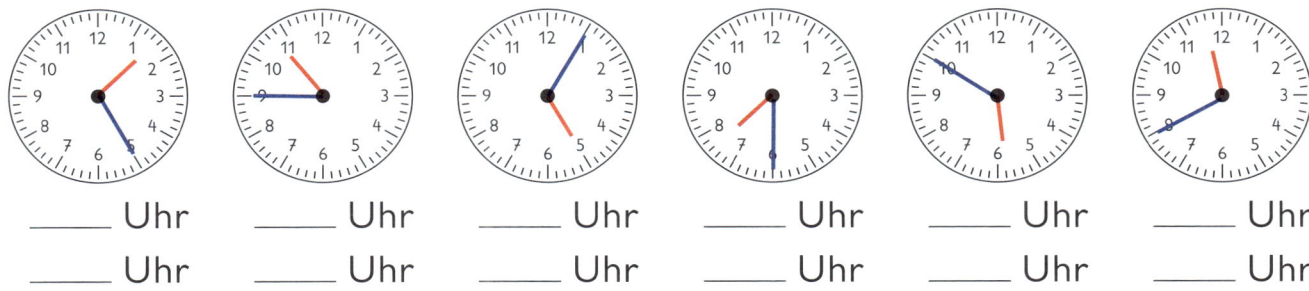

_____ Uhr _____ Uhr _____ Uhr _____ Uhr _____ Uhr _____ Uhr

_____ Uhr _____ Uhr _____ Uhr _____ Uhr _____ Uhr _____ Uhr

2 Zeichne die Zeiger ein.

3 Kinderprogramm

12:05	Nils Holgersson
12:40	Die Maus Die Insel der Erfinder
13:25	Piets irre Pleiten
14:10	Schloss Einstein
15:00	Endlich Samstag!
15:50	logo!
16:00	Wir fahren nach Berlin
16:30	Ubos
16:50	Die Schule der kleinen Vampire
17:15	Tolle Trolle
17:35	SimsalaGrimm
18:00	Shaun das Schaf
18:15	Marcelino
18:40	Lauras Stern
18:50	Sandmann
19:00	Nils Holgersson
19:25	Wissen macht Ah!

Kreuze die zutreffenden Sätze an.

☐ „SimsalaGrimm" beginnt um 17:35 Uhr.

☐ „Shaun das Schaf" dauert 10 min.

☐ „Nils Holgersson" kommt um 12:05 Uhr und um 19:00 Uhr.

☐ „Die Schule der kleinen Vampire" endet um 17:00 Uhr.

☐ „Schloss Einstein" beginnt 10 Minuten nach 14 Uhr.

4 Ergänze zur nächsten vollen Stunde.

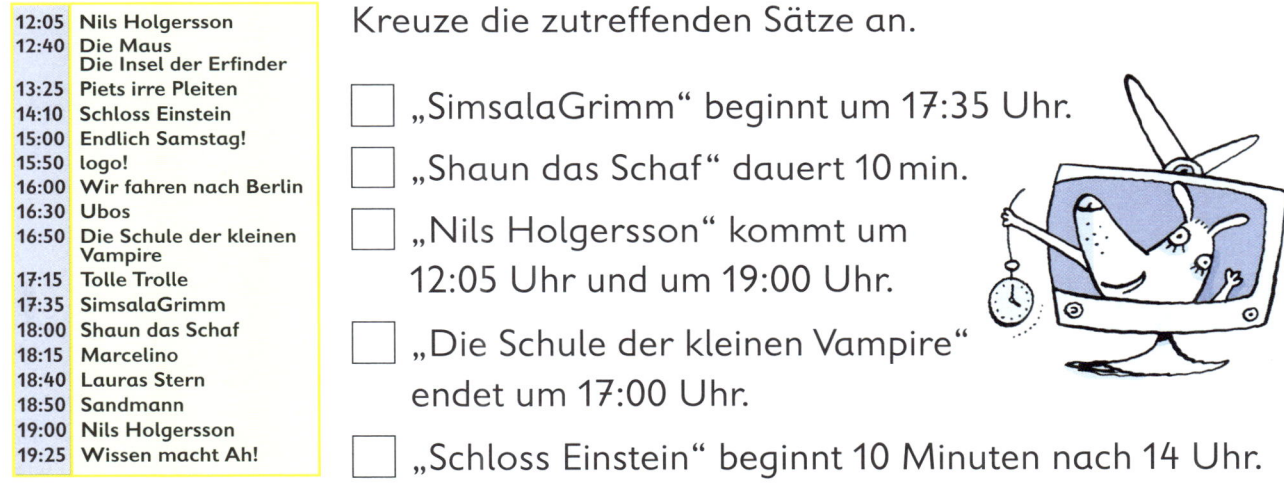

a) (Uhr) + ☐ min → (Uhr)

(Uhr) + ☐ min → (Uhr)

(Uhr) + ☐ min → (Uhr)

b) 18:40 Uhr ──+ ☐ min──→ 19:00 Uhr

12:50 Uhr ──+ ☐ min──→ 13:00 Uhr

5:25 Uhr ──+ ☐ min──→ 6:00 Uhr

Zeitpunkt und Zeitdauer

1 Färbe die Zeitangaben in den Uhren.

 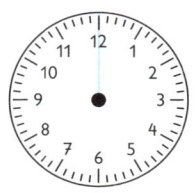 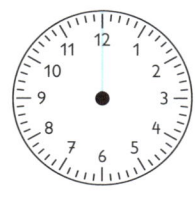 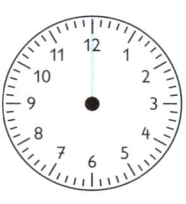 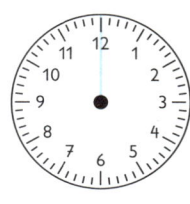

10 min   eine halbe Stunde   20 min   eine Viertel- stunde   eine Stunde   eine Drei- viertelstunde

2 Maria ist gerade in der Schule angekommen. Sie schaut auf die Uhr.

a) Wie spät ist es? _____

b) Vor einer Viertelstunde ist sie zu Hause losgegangen. Wie spät war es da? _____

c) Um 7:40 Uhr beginnt die erste Stunde. Wie viele Minuten sind es noch? _____

d) In zwei Stunden ist große Pause. Wie spät ist es dann?

_____

3 Maria und Max haben verschiedene Hobbys.
Wie viel Zeit verbringen sie damit?

 Maria spielt am Dienstag Fußball.

15:30 Uhr   + _____   →   16:30 Uhr

 Max hat Donnerstag Klavierunterricht.

_____ Uhr   + _____   →   _____ Uhr

4 Wie viel Zeit verbringst du mit einem Hobby?
Stelle es so dar wie in Aufgabe 3.

 Ich _____

_____ Uhr   + _____   →   _____ Uhr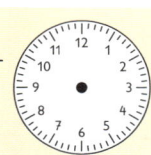

Multiplizieren und Dividieren mit 4

1 **a)** Wie viele Beine haben
die Hamster zusammen?

☐ + ☐ + ☐ = ☐☐
☐ · ☐ = ☐☐

b) Wie viele Birnen sind
es insgesamt?

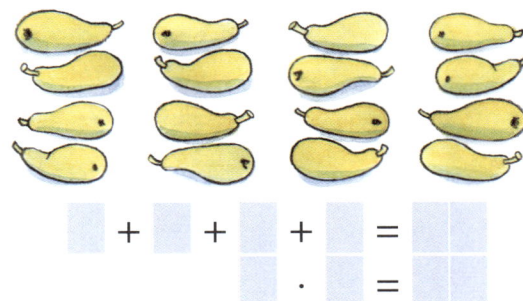

☐ + ☐ + ☐ + ☐ = ☐☐
☐ · ☐ = ☐☐

2 **a)** 3 · 4 = ☐☐   **b)** 10 · 4 = ☐☐
7 · 4 = ☐☐   6 · 4 = ☐☐
0 · 4 = ☐   1 · 4 = ☐☐
5 · 4 = ☐☐   4 · 4 = ☐☐

| 0 4 12 16 20 24 28 40 |

3 **a)** 8 : 4 = ☐   **b)** 40 : 4 = ☐☐
28 : 4 = ☐   16 : 4 = ☐☐
32 : 4 = ☐   24 : 4 = ☐☐
 4 : 4 = ☐   12 : 4 = ☐☐

| 1 2 3 4 6 7 8 10 |

4
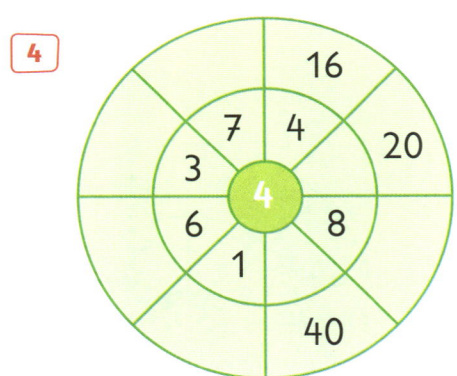

5
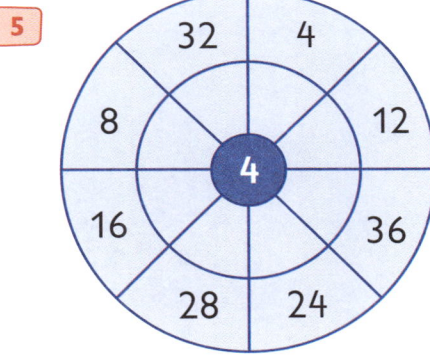

6 **a)** 16 = ☐ · 4   **b)** 4 = ☐ · 4
36 = ☐ · 4   32 = ☐ · 4
20 = ☐ · 4   0 = ☐ · 4
12 = ☐ · 4   8 = ☐ · 4

7 **a)** ☐ : 4 = 2   **b)** ☐☐ : 4 = 10
☐ : 4 = 4   ☐☐ : 4 = 5
☐ : 4 = 1   ☐☐ : 4 = 3
☐ : 4 = 8   ☐☐ : 4 = 6

8 Ben hat 32 Spielkarten
an 4 Kinder verteilt.
Wie viele Karten hat
jedes Kind bekommen?

Aufgabe:

Antwort:

Multiplizieren und Dividieren mit 8

1 Wie viele Ruderer nehmen insgesamt am Wettkampf teil?

☐ + ☐ + ☐ + ☐ = ☐☐

☐ · ☐ = ☐☐

2 **a)** 2 · 8 = ☐☐   **b)** 5 · 8 = ☐☐   **3** **a)** 24 : 8 = ☐   **b)** 80 : 8 = ☐☐

  7 · 8 = ☐☐   3 · 8 = ☐   40 : 8 = ☐   8 : 8 = ☐

  4 · 8 = ☐☐   1 · 8 = ☐   16 : 8 = ☐   32 : 8 = ☐

  0 · 8 = ☐   6 · 8 = ☐   48 : 8 = ☐   72 : 8 = ☐

| 0 8 16 24 32 40 48 56 |

| 1 2 3 4 5 6 9 10 |

4

·	8	4	2
7			
5			
8			

5

:	4	8
16		
24		
32		

6 24 = ☐ · 8   **7** ☐☐ : 8 = 7

  40 = ☐ · 8   ☐☐ : 8 = 2

  56 = ☐ · 8   ☐☐ : 8 = 6

  32 = ☐ · 8   ☐ : 8 = 1

8

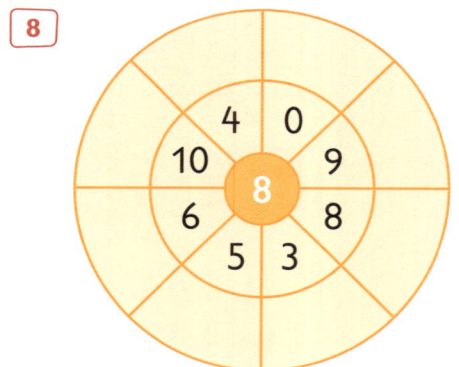

9

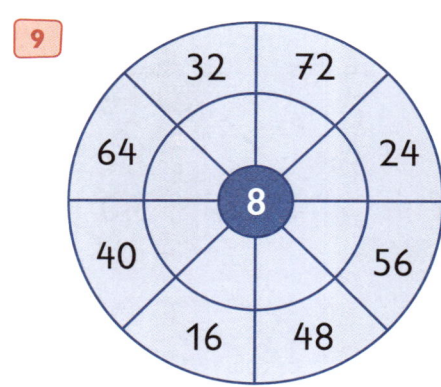

10 Bilde Aufgabenfamilien.

a)   **b)**   **c)**

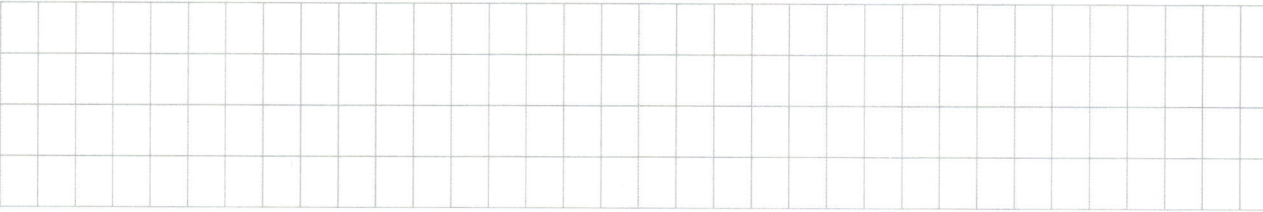

Multiplizieren und Dividieren mit 3

1

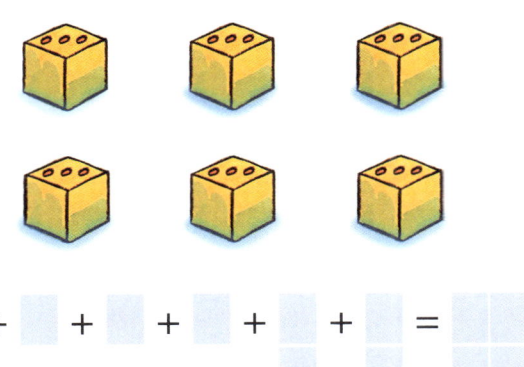 

◻ + ◻ + ◻ + ◻ + ◻ + ◻ = ◻◻
◻ · ◻ = ◻◻

◻ + ◻ + ◻ = ◻◻
◻ · ◻ = ◻◻

2
a)
5 · 3 = ◻◻
9 · 3 = ◻◻
6 · 3 = ◻◻
1 · 3 = ◻

b)
7 · 3 = ◻◻
4 · 3 = ◻◻
0 · 3 = ◻
3 · 3 = ◻

3
a)
27 : 3 = ◻
15 : 3 = ◻
3 : 3 = ◻
18 : 3 = ◻

b)
9 : 3 = ◻
12 : 3 = ◻
24 : 3 = ◻
6 : 3 = ◻

0 3 9 12 15 18 21 27

1 2 3 4 5 6 8 9

4 Rechne und male aus.
🟠 9, 18, 21, 27, 30
🔴 15, 20, 28
🟢 0, 16, 32

5
30 = ◻◻ · 3
18 = ◻ · 3
24 = ◻ · 3

6
◻◻ : 3 = 5
◻ : 3 = 3
◻◻ : 3 = 7

Blumenrätsel:
4·0
6·3   6·5
8·4   7·4   2·8
3·5   5·4
7·3   3·3   9·3
4·5   5·3
3·0   4·8   4·4

7 In der Sportgruppe sind 24 Kinder. Sie wollen 3 Mannschaften bilden. Wie viele Kinder sind in einer Mannschaft?

Aufgabe:

Antwort:

8 Setze das richtige Zeichen: < = >.

a)
9 · 3 ◯ 30
4 · 3 ◯ 10
8 · 3 ◯ 22
1 · 3 ◯ 3

b)
5 · 3 ◯ 15
7 · 3 ◯ 22
10 · 3 ◯ 20
0 · 3 ◯ 1

c)
27 ◯ 8 · 3
18 ◯ 7 · 3
24 ◯ 9 · 3
21 ◯ 7 · 3

d)
3 · 5 ◯ 5 · 3
2 · 8 ◯ 6 · 3
7 · 4 ◯ 9 · 3
0 · 5 ◯ 0 · 3

Multiplizieren und Dividieren mit 6

1 Wie viele Beine haben die vier Käfer insgesamt?

☐ + ☐ + ☐ + ☐ = ☐☐

☐ · ☐ = ☐☐

2 **a)** 3 · 6 = ☐☐   **b)** 7 · 6 = ☐☐

8 · 6 = ☐☐   2 · 6 = ☐☐

9 · 6 = ☐☐   0 · 6 = ☐☐

6 · 6 = ☐☐   1 · 6 = ☐☐

| 0 | 6 | 12 | 18 | 36 | 42 | 48 | 54 |

3 **a)** 36 : 6 = ☐   **b)** ☐☐ : 6 = 2

18 : 6 = ☐   ☐☐ : 6 = 5

54 : 6 = ☐   ☐☐ : 6 = 8

6 : 6 = ☐   ☐☐ : 6 = 9

| 1 | 3 | 6 | 9 | 12 | 30 | 48 | 54 |

4

·	3	5	8	10	6
6					
3					

5

:	6	3	4	2
24				
12				

6 Male aus.

🔴 durch 3 teilbar

🟡 durch 6 teilbar

🟢 durch 3 und 6 teilbar

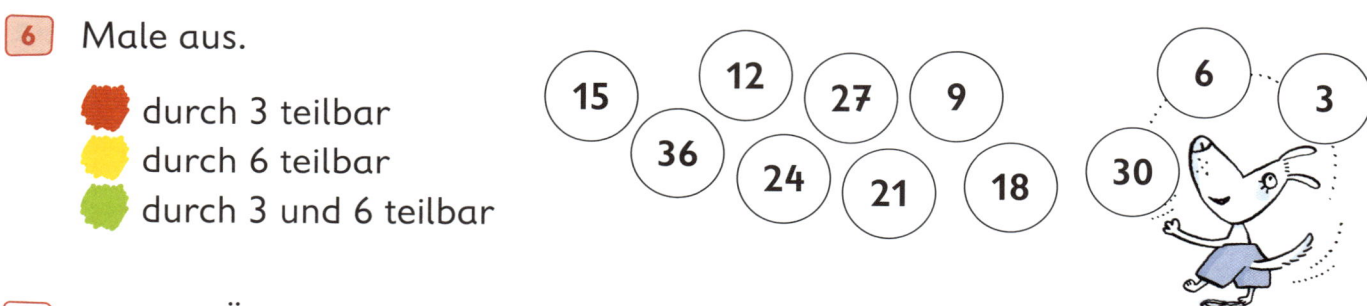

15   12   27   9   6   3

36   24   21   18   30

7 Rechne. Überprüfe mit der Umkehraufgabe.

a) 7 · 6 = ☐☐ , denn ☐☐ : 6 = ☐

5 · 6 = ☐☐ , denn ☐☐ : ☐ = ☐

9 · 6 = ☐☐ , denn ☐☐ : ☐ = ☐

4 · 6 = ☐☐ , denn ☐☐ : ☐ = ☐

b) 24 : 6 = ☐ , denn ☐ · 6 = ☐☐

36 : 6 = ☐ , denn ☐ · ☐ = ☐☐

48 : 6 = ☐ , denn ☐ · ☐ = ☐☐

18 : 6 = ☐ , denn ☐ · ☐ = ☐☐

8 Setze das richtige Zeichen: < = >.

a) 9 · 6 ⬤ 52   **b)** 25 ⬤ 4 · 6   **c)** 7 · 6 ⬤ 6 · 7   **d)** 5 · 6 ⬤ 3 · 10

6 · 3 ⬤ 18   60 ⬤ 10 · 6   6 · 0 ⬤ 1 · 3   6 · 6 ⬤ 5 · 8

6 · 5 ⬤ 36   40 ⬤ 8 · 6   8 · 6 ⬤ 4 · 10   2 · 6 ⬤ 8 · 0

0 · 6 ⬤ 6   42 ⬤ 7 · 6   4 · 6 ⬤ 3 · 8   9 · 6 ⬤ 9 · 5

Multiplizieren und Dividieren mit 9

1 Wie viele Vögel sitzen auf den Leitungen?

☐ + ☐ + ☐ = ☐
☐ · ☐ = ☐

2 **a)** 4 · 9 = ☐   **b)** 3 · 9 = ☐
      2 · 9 = ☐   5 · 9 = ☐
      7 · 9 = ☐   8 · 9 = ☐
      6 · 9 = ☐   0 · 9 = ☐

| 0 | 18 | 27 | 36 | 45 | 54 | 63 | 72 |

3 **a)** 18 : 9 = ☐   **b)** ☐ : 9 = 3
     45 : 9 = ☐   ☐ : 9 = 7
     90 : 9 = ☐   ☐ : 9 = 4
     36 : 9 = ☐   ☐ : 9 = 9

| 2 | 4 | 5 | 10 | 27 | 36 | 63 | 81 |

4

·	3	6	9
4			
6			
7			
8			

5 Ergebnisse der Folge mit 9 werden gesucht. Färbe sie grün.

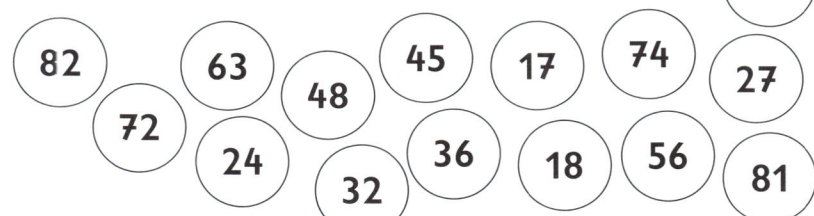

90   39
82   63   45   17   74   27
72   48
24   36   18   56   81
32

6

18
8   45
6
9
10
3   7   36
27

81   27
9   3   36
9
45   0
63   72

7 Anna und Tom bestellen 6 Kästen mit je 9 Flaschen Limonade und 9 Kästen mit je 6 Flaschen Apfelsaft. Von welchem Getränk werden mehr Flaschen bestellt?

Aufgabe:
Antwort:

Multiplizieren und Dividieren mit 7

1 Wie viele Zwerge sind es insgesamt?

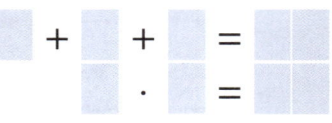

☐ + ☐ + ☐ = ☐☐
☐ · ☐ = ☐☐

2 a)
4 · 7 = ☐☐
7 · 7 = ☐☐
9 · 7 = ☐☐
10 · 7 = ☐☐

b)
6 · 7 = ☐☐
3 · 7 = ☐☐
0 · 7 = ☐
5 · 7 = ☐☐

0 21 28 35 42 49 63 70

3 a)
21 : 7 = ☐
14 : 7 = ☐
56 : 7 = ☐
28 : 7 = ☐

b)
☐ : 7 = 5
☐ : 7 = 4
☐ : 7 = 9
☐ : 7 = 3

2 3 4 8 21 28 35 63

4 Ordne die Ballons den Körben zu.

5 Setze das richtige Zeichen: < = > .

a)

4 · 7 ◯ 30	42 ◯ 6 · 7	5 · 7 ◯ 5 · 8	3 · 7 ◯ 9 · 2
7 · 7 ◯ 48	14 ◯ 3 · 7	8 · 7 ◯ 8 · 6	9 · 7 ◯ 10 · 6

b)

35 : 7 ◯ 8	49 : 7 ◯ 7	9 ◯ 63 : 7	21 : 7 ◯ 32 : 8
14 : 7 ◯ 2	28 : 7 ◯ 5	7 ◯ 42 : 7	49 : 7 ◯ 42 : 6

Multiplizieren und Dividieren

1 **a)** 3 · 6 = ☐ **b)** 2 · 2 = ☐ **c)** 6 · 6 = ☐ **d)** 10 · 10 = ☐

4 · 7 = ☐ 3 · 3 = ☐ 7 · 7 = ☐ 10 · 9 = ☐

5 · 8 = ☐ 4 · 4 = ☐ 8 · 8 = ☐ 10 · 7 = ☐

6 · 9 = ☐ 5 · 5 = ☐ 9 · 9 = ☐ 10 · 5 = ☐

| 4 9 16 18 25 28 36 40 49 50 54 64 70 81 90 100 |

2 **a)** 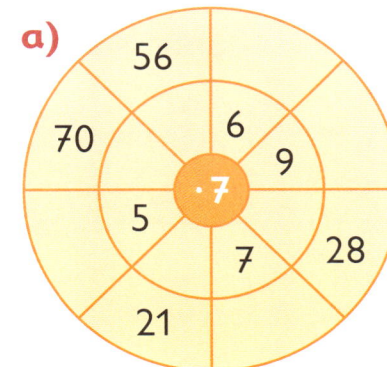 **b)** 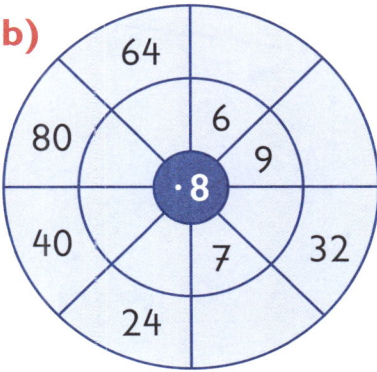 **c)**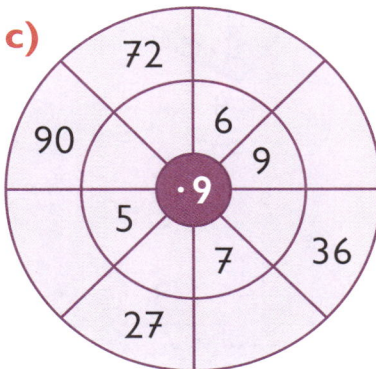

3 **a)** 6 · ☐ = 36 **b)** 9 · ☐ = 18   **4** **a)** ☐ · 7 = 35 **b)** ☐ · 8 = 24

3 · ☐ = 15   8 · ☐ = 32   ☐ · 3 = 27   ☐ · 9 = 45

4 · ☐ = 16   5 · ☐ = 40   ☐ · 9 = 0   ☐ · 7 = 7

7 · ☐ = 56   3 · ☐ = 18   ☐ · 6 = 54   ☐ · 5 = 40

| 2 4 4 5 6 6 8 8 | | 0 1 3 5 5 8 9 9 |

5

·	5	2	7	9	3
4					
6					
3					

6

·	3	6	9		
8					
7				35	
9					36

7 Kartenspiele im Angebot

Jedes Kartenspiel nur **2 €**

2 Kartenspiele kosten ☐ €

5 Kartenspiele kosten ☐ €

10 Kartenspiele kosten ☐ €

1 Finde zu jedem Bild zwei Aufgaben mit 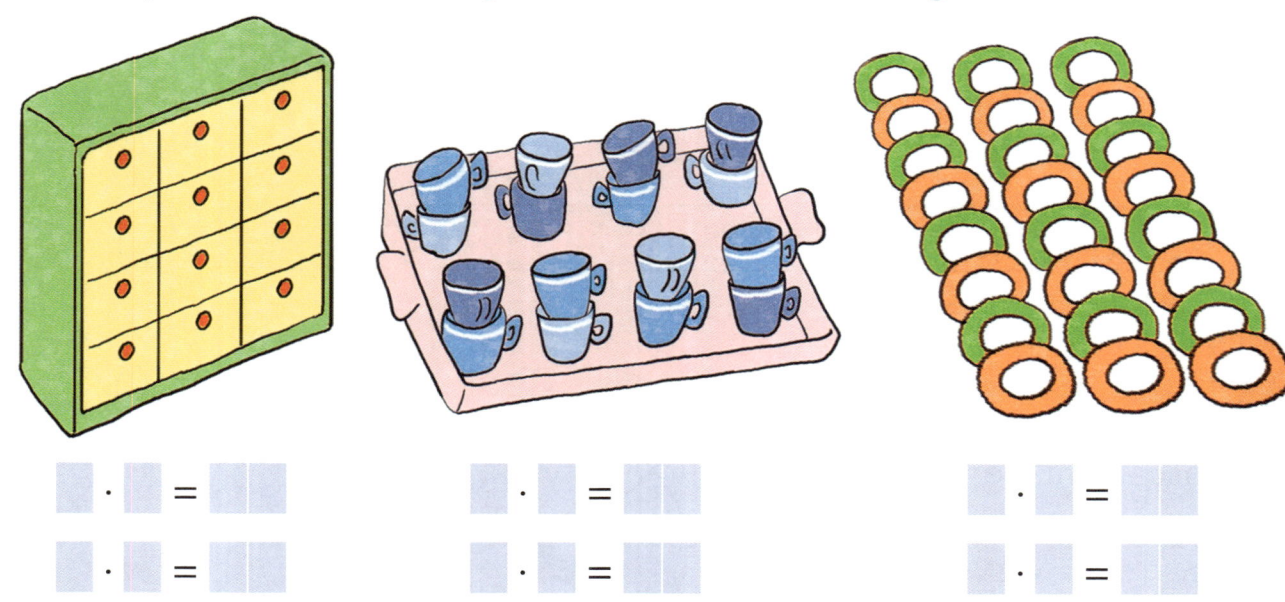. Löse die Aufgaben.

☐ · ☐ = ☐☐   ☐ · ☐ = ☐☐   ☐ · ☐ = ☐☐

☐ · ☐ = ☐☐   ☐ · ☐ = ☐☐   ☐ · ☐ = ☐☐

2
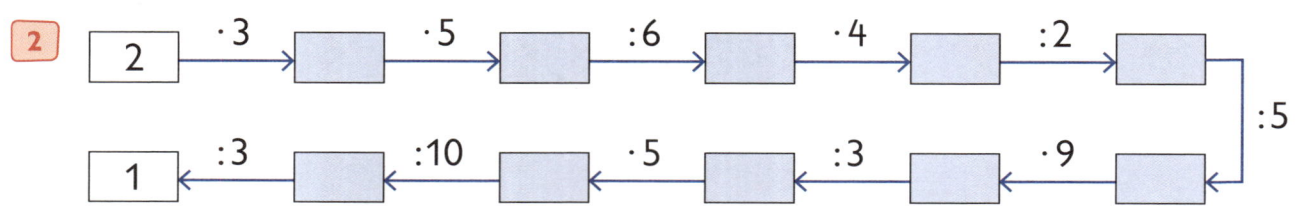

3 Ben will 9 Dreiecke legen.
Wie viele Stäbchen benötigt er?

Antwort: _____

4 An jedem Tisch sollen 6 Stühle stehen.
Wie viele Stühle werden für 7 Tische benötigt?

Antwort: _____

5 Ein Faktor ist 3. Der andere Faktor ist doppelt so groß.
Berechne das Produkt.

Antwort: _____

6 Das Produkt aus zwei Zahlen ist 12.
Welche Zahlen könnten es sein?

Antwort: _____

1: Aufgaben finden und lösen   2: Aufgabenkette lösen
3 bis 6: Inhalt erfassen; Aufgaben finden, lösen und antworten   **SB** 124–125

In der Gärtnerei

1 Der Gärtner setzt 32 Salatpflanzen in 8 Reihen.

Frage: _____

_____

Aufgabe: ⬚⬚⬚⬚⬚⬚⬚⬚⬚⬚⬚⬚⬚⬚

Antwort: _____

2 Insgesamt werden 21 Kirschbäume gepflanzt.

In einer Reihe stehen immer 7 Bäume.

Frage: _____

Aufgabe: ⬚⬚⬚⬚⬚⬚⬚⬚⬚⬚⬚⬚⬚⬚⬚⬚⬚⬚⬚⬚⬚⬚

Antwort: _____

3 Ergänze die Tabelle.

Pflanzen insgesamt	20	30	35	54			32	45
Pflanzen in einer Reihe	4	10			4	9		
Anzahl der Reihen			7	9	5	8	4	5

4 Der Gärtner will 18 Bäume in Reihen pflanzen.
Er macht sich dazu diese Skizze:

$2 \cdot 9 = 18$ oder   ⬚ · ⬚ = 18

Wie könnte er die Bäume noch anordnen?
Fertige dazu eine Skizze an. Schreibe die passende Aufgabe dazu.

1 **a)**

:5	
25	
30	
45	
	10
	8
	7

·5	
6	
5	
3	
	10
	20
	40

b)

:8	
72	
48	
16	
	5
	3
	7

·8	
5	
7	
4	
	64
	48
	24

2 Bilde Aufgabenfamilien.

a) 7 8 56 **b)** 9 54 6 **c)** ? 8 5

3 Rechne und male aus.

(grau)	9, 3
(rot)	4, 2
(gelb)	5, 1
(grün)	8, 7
(blau)	6, 10

24:4 4:2 30:6
27:3
3:3
80:8 2:2 40:4
36:9 18:9
45:9 12:4
15:3
54:6 9:3 49:7
70:10 40:5

66
1: Tabellen vervollständigen   2: Aufgabenfamilien bilden
3: Aufgaben lösen und Bild nach Vorgabe färben
SB 124–125

Kombinieren

1 Tim darf sich von den Tellern ein Gebäck und
eine Frucht nehmen. Wie viele Möglichkeiten hat er?

Tipp!
Vervollständige die Tabelle.
Finde dazu eine Additions- oder
eine Multiplikationsaufgabe.

	Birne	Banane	Apfelsine	Apfel
Brezel	Brezel und Birne	_____ _____	_____ _____	_____ _____
Hörnchen	_____ _____	_____ _____	_____ _____	_____ _____
Brötchen	_____ _____	_____ _____	_____ _____	_____ _____

 + +  + = ▢▢   oder   · 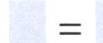 = ▢▢

Antwort: _____

2 Bezahle mit möglichst wenig
Scheinen und Münzen.

Geld-betrag	50	20	10	5	2€	1€
65 €	1		1	1		
22 €						
86 €						
33 €						
45 €						
61 €						

3 Verteile die Zahlen 1 bis 6
so auf die Kreise, dass die
Summe auf jeder Dreiecks-
seite gleich ist.

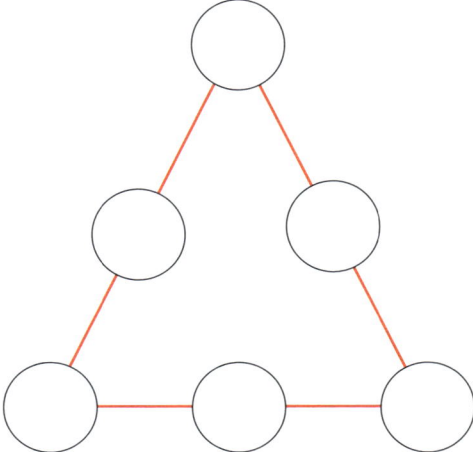

1: Tabelle vervollständigen; Aufgaben finden und lösen, antworten
2: Anzahl der Münzen und Scheine angeben   3: Zahlen nach Vorgabe zuordnen

SB 128–129 **TÜ** 62   67

1 Es gibt mehrere Wege vom Start zum Ziel.
Zeichne zwei mögliche Wege mit verschiedenen Farben ein.

Start

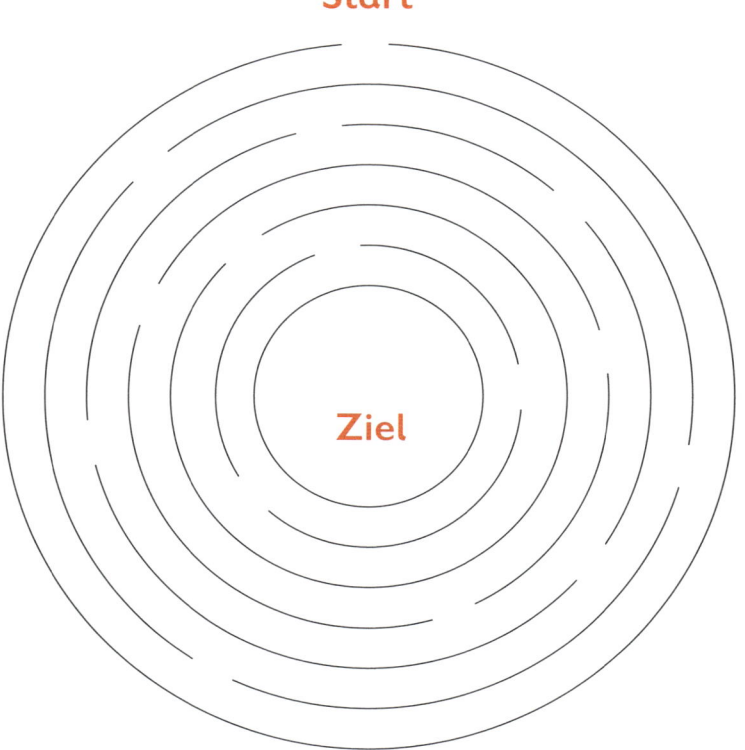

Ziel

2 Welche Figuren fehlen? Zeichne sie ein.

3 Lustige Sätze gesucht

Vögel   Schweine   grunzen   bellen   zwitschern   Hunde

Wie viele Sätze kannst du mit den 6 Wörtern bilden? _____
Schreibe die Sätze auf.

_____

_____

_____

4 Lege mit Stäbchen die Figur.

a) Nimm vier Stäbchen so weg, dass nur zwei gleich große Quadrate bleiben.

b) Lege vier Stäbchen so um, dass du drei gleich große Quadrate erhältst.

1: Zwei Wege finden und einzeichnen   2: Fehlende Figuren einzeichnen
3: Sätze bilden und aufschreiben   4: Stäbchen nach Vorgabe legen

Informationen aus Tabellen und Diagrammen

1 In diesem Streifendiagramm ist die Anzahl der Kinder in den Klassen 1 bis 4 einer Grundschule dargestellt.

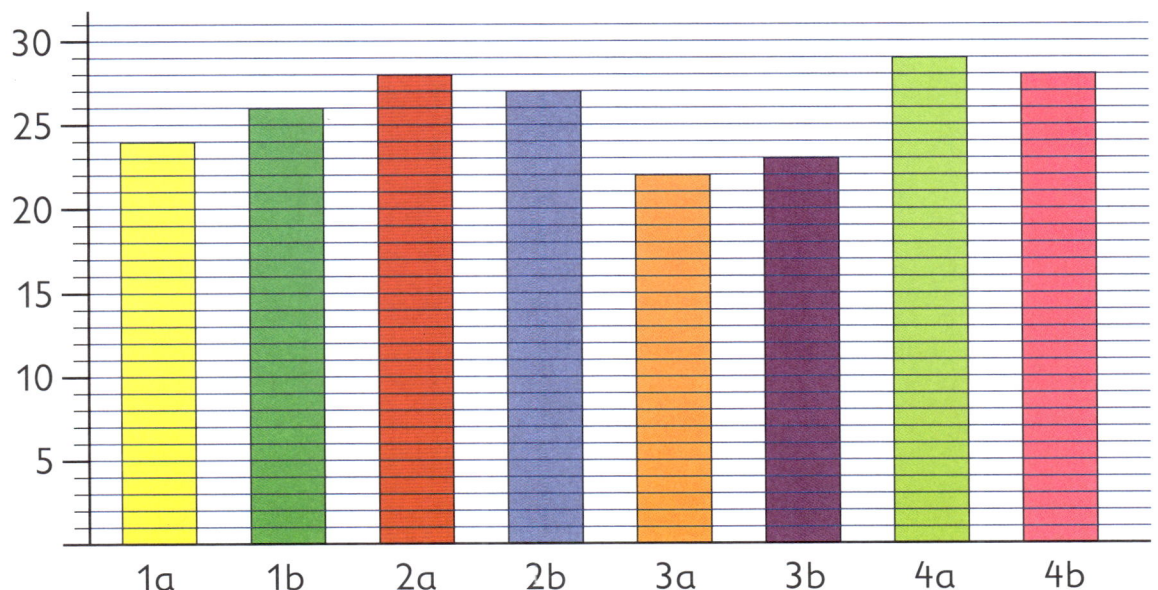

a) In welche Klasse gehen die meisten Kinder?   Klasse: Kinder:

b) In welche Klasse gehen die wenigsten Kinder? Klasse: Kinder:

c) Wie viele Kinder sind in jeder Klassenstufe?

Klassenstufe 1:   +   =   **d)** Welche Klassenstufe

Klassenstufe 2:   +   =   hat die wenigsten Kinder?

Klassenstufe 3:   +   =   Klassenstufe:

Klassenstufe 4:   +   =

2 Fertige für deine Schule ein solches Streifendiagramm an.
Befrage dazu die Sekretärin, die Schulleiterin oder deine Lehrerin.

3 a) Wie viele Schwimmer sind es zusammen?

       +   =

    Schwimmer:

Klasse	Schwimmer	Nichtschwimmer
2a	9	19
2b	12	15

b) Wie viele Nichtschwimmer sind es zusammen?

       +   =

    Nichtschwimmer:

c) In der Klasse 3a sind doppelt so viele Schwimmer wie in der Klasse 2a. Wie viele Schwimmer sind in der Klasse 3a?

       ·   =   Schwimmer der 3a:

1 Der Zirkus bietet für Kinder ein Sonderprogramm von Montag bis Donnerstag an. Tom hat für die Kartenbestellung eine Strichliste angefertigt.

a) Übertrage die Daten aus der Strichliste in die Tabelle.

Tag	Montag			
Anzahl	9			

b) Wie viele Kinder wollen insgesamt Karten haben?

☐☐ + ☐☐ + ☐☐ + ☐☐ = ☐☐

c) Veranschauliche die Kartenbestellung für die einzelnen Tage in einem Streifendiagramm.

Montag
Dienstag
Mittwoch
Donnerstag

Tipp!
1 Kästchen für
1 Kind

2 Lies aus dem Streifendiagramm ab, wie viele Kinder der 3. Klassen den Zirkus besuchten. (1 Kästchen bedeutet 1 Kind)

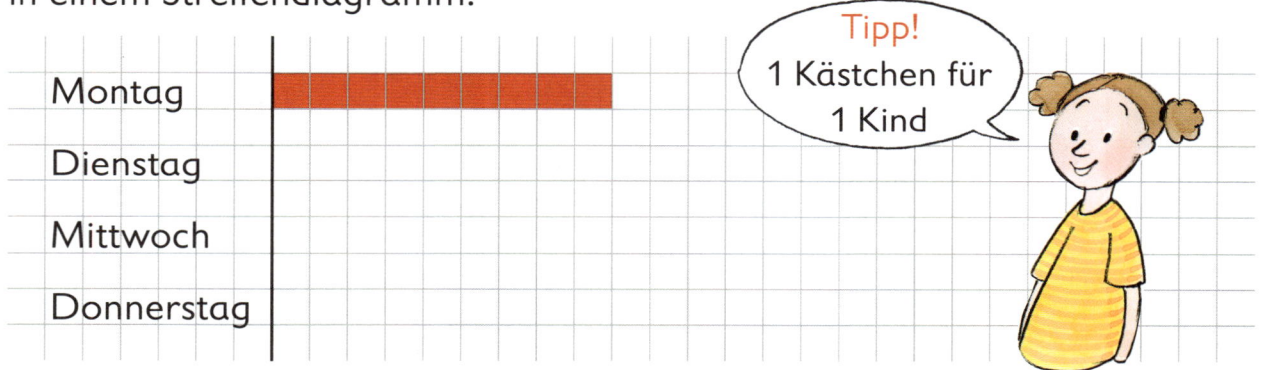

Montag ☐☐ Kinder
Dienstag ☐☐ Kinder
Mittwoch ☐☐ Kinder

Insgesamt besuchten ☐☐ Kinder der 3. Klassen den Zirkus.

1: Strichliste lesen; Daten in die Tabelle eintragen; die Gesamtzahl berechnen;
Diagramm zeichnen 2: Anzahl der Kinder aus dem Diagramm ablesen

Kalender – Woche, Monat, Datumsangabe

1 Ergänze die fehlenden Namen der Tage in der richtigen Reihenfolge.

a) _____ , Dienstag, _____ , _____

b) _____ , Sonnabend, _____ , _____

2 Schreibe die Monate im Jahresverlauf auf.
Wie viele Tage haben die Monate?

Monats-name		Februar		April		
Anzahl der Tage						

3 Ergänze.

vorgestern	gestern	heute	morgen	übermorgen	in einer Woche
Mai	Mai	Mai **17** Mo	Mai	Mai	Mai

4 Schreibe zu jedem Datum die andere Form auf.

24. März 2002	24. 03. 2002	01. 02. 2015	1. Februar 2015
12. Januar 2000		17. 04. 2018	
14. Mai 2016		20. 08. 2017	
4. Dezember 1971		30. 10. 1963	
22. September 1992		10. 11. 1992	

5 Die Urlaubskarte von Opa kam am 2. Mai an.
Er hat sie vor 5 Tagen abgeschickt. Wann war das?

_____

_____

Inhaltsverzeichnis

Die Aufgaben sind so nummeriert: `1`
Hier ist es etwas schwieriger: `1`
So erkennst du eine kniffelige Aufgabe: `1`
Auf den blauen Zetteln findest du
die Lösungen: `543`